社長の「説教」!!

自分の可能性が引き出される

叱咤激励

夏目幸明

日本文芸社

はじめに

たとえば残業を終えたひとけのないデスクで、終電間際の飲み屋で、上司や先輩から襟を正したくなるような語りを聞かされたことはないか?

たとえば就職や進学で悩んでいるとき、夕日を受けた教室で尊敬する先生の昔話を聞かされ、自分の甘さを恥じたことはないか?

〝説教〟という言葉には、負のイメージが付きまとってきた。「うるさいことは言いたくない」という年長者もいれば、「自分たちのやり方に任せてほしい」という若手もいるだろう。だが、少しこんな風潮が行き過ぎてはいなかったか? たとえば「何のために仕事をしているのか」「どんな生き方が、自分の可能性を広げていくのか」といった問いを、周囲の誰かと熱く語った経験があると言える人は、割合的にどの程度になるのだろう?

そこで生まれたのが、この本だ。

タイトル上〝社長〟とまとめたが、現在は会長をしている方もいれば〝キャプテン〟もいる。〝代表社員〟と仰る方もいる。申し訳ないが、人選は著者である自分が「どんな人物に人生論を聞きたいか」を基準に、小さな会社／大きな企業、大金持ち／庶民派、様々な意見を盛り込めるよう選ばせていただいた。だが、テーマはたったひとつ。まず、彼らに自らの人生を存分に語ってもらい、ここから何らかの教訓を導き出してもらった。非常にシンプルだ。

襟を正す瞬間、それは気分が高揚する瞬間でもある。

自分が見えていなかった何かに気付き、明日に向け新たなスタートを切る瞬間、それこそが〝希望〟という言葉が具現化する瞬間でもあるだろう。

この本により、少しでもそんな、素晴らしい瞬間を作り出すことができればいい。それだけを考え、全12人の語りを文字にした。同時にこの本の定価、1050円。体裁や内容が同じような書籍に比べ、200〜300円は安いはず。ぜひ若い人たちにお読みいただければと考え、この点にもこだわり抜いて作りました。

もし、この本を読み、爽快な刺激に身を震わせてくれる人がたくさんいれば――。

2006年6月　夏目幸明

目次

装丁◎林　佳恵
本文デザイン◎蛭間デザイン事務所
写真◎富本真之
木村　純（日本文芸社）
平塚修二（日本文芸社）

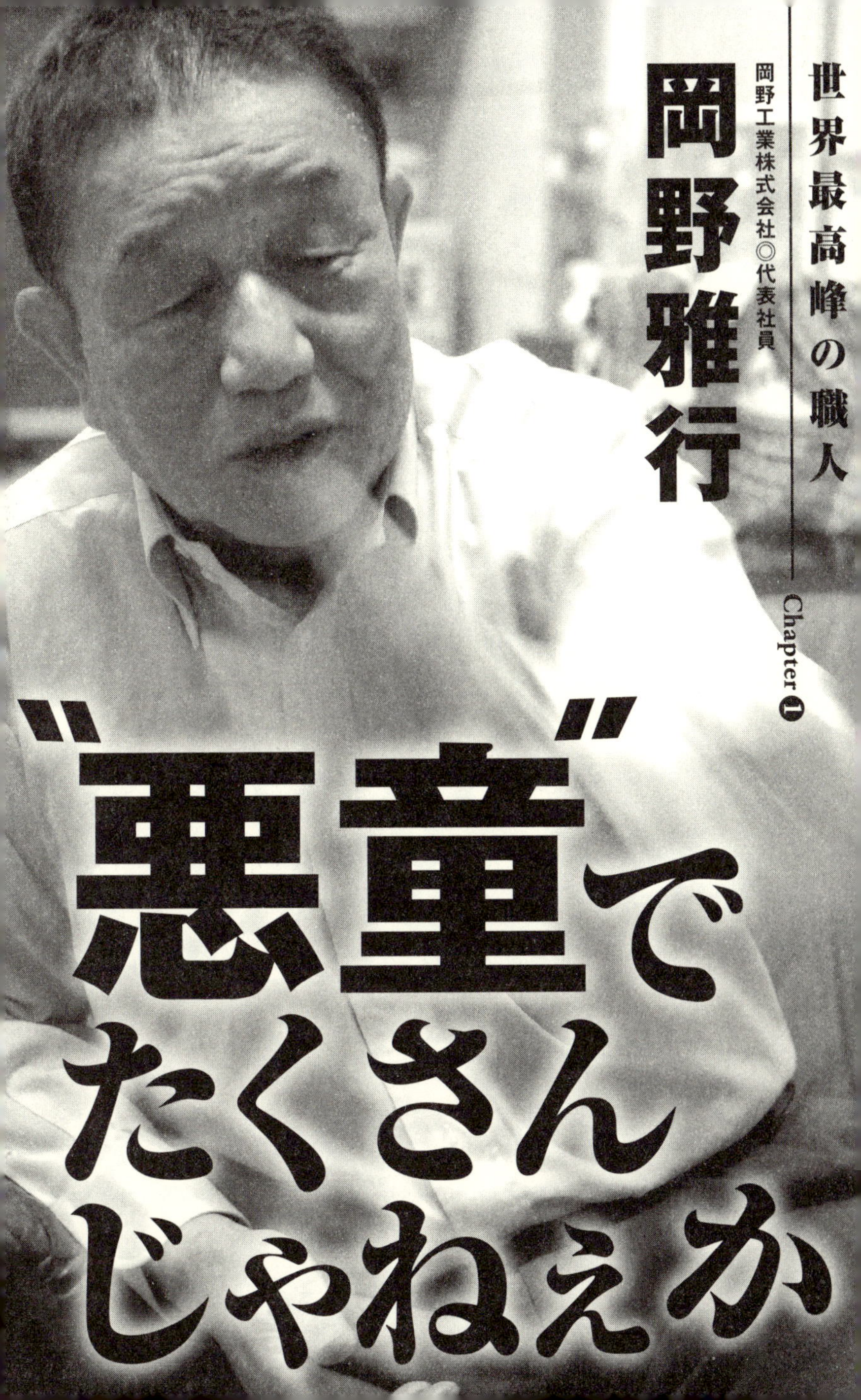

Chapter 1

世界最高峰の職人

岡野雅行

岡野工業株式会社◎代表社員

“悪童”でたくさんじゃねえか

メディアで話題の大物経営者である。岡野工業・岡野雅行。
実は東京・墨田区で社員たった6人の町工場を経営する身だ。
ではなぜ、彼が注目を集めるのか——それは岡野がレアメタルの
〝深絞り〟など、オンリーワンのプレス技術を通し、
携帯電話・ノートPCの小型化、トヨタ『プリウス』の充電池、
テルモの『痛くない注射針』など、数々の先駆的な業績を
残してきたからだ。いつしか大手企業に提言をするまでになった
中小企業経営者の、熱い〝説教〟を聞いた。

岡野雅行《おかのまさゆき》の歴史

1933年　東京・墨田区で金型職人の息子として生まれる。

1945年　向島更正国民学校を卒業

1953年　20代から本格的に金型の技術を父に教わり始める。
（以降の情報はインタビューページのあとに掲載）

一昔前は、重いうえに電池もすぐ切れた携帯電話。これが現在の形へと進化するなかで、一人の職人の腕前が大きな役割を果たしたと言うから意外な話だ。その人物の名は岡野雅行。彼が江戸っ子丸出しのべらんめえ口調で語り始める。

「もう何度もしゃべってっから、いちいち説明するのぁ面倒くせぇんだよな(笑)。ようするに、オレができるのは、金属の〝深絞り〟って技術だ。一枚の金属板をいろんな形にするのってのぁ実は難しいことでな、とくに平らな金属板を何工程もかけて深く深くプレスしてさ、細長いコップみたいな形にするとなると、こりゃ並大抵のことじゃねぇんだ」

　理由は容易に想像がつく。単にドカドカとプレスするのでは金属板を引きちぎってしまうだけだ。当然、鉄、アルミ、ステンレスなど、金属の性質も知り尽くしていなければならないだろう。ところが、板金から細長いものを作りたい場面は少なくない。たとえば、携帯電話の電池ケースがそうだった。現在、普及している電池は『リチウムイオン電池』。おもな材料であるリチウムは爆発しやすいため、堅いステンレスで完全に密閉しきらなければならなかった。強度など様々な条件を満たすためには、金属板をつなぎ合わせる形では実現できない。

「そこでさ、ある日オレのところにメーカーの担当者が来て、何とかしてくれって言うわけだよ。ステンレスってなぁ伸延性が悪いから、ヘタに絞ると割れちまう。しかも、油を選ばなきゃケースに傷がついちまうし、なにせ安全性に関わる問題だから、生産に関してわずかな誤差も許されない。正直、コイツは歯ごたえがあるヤツが出てきたと思ったな」

　彼は内心でこう思ったという。

「ただ、誰にもできねぇなら、そりゃオレの仕事だ、ってな」

「儲けの悪い仕事をやれ」父の言葉で目覚めたオンリーワン技術への道

岡野は東京の下町生まれ。父は板金をプレスする際に使う金型作りの職人だった。簡単に言えば、プレス工場の下請けとして、金属板を叩く〝カタ〟を作る仕事だ。そして彼は『ここから富士山が見えたんだ』という焼け野原で子供時代を送り小学校を卒業。これを最終学歴にアルバイト感覚で父親の仕事を手伝い始め、同時に遊郭の姉さんにタバコの使い走りをたのまれ小遣いを稼ぐなど、あまりほめられたものでない少年時代を過ごす。

「でもよ、悪ガキでたくさんじゃねぇか。今の子供たちが何で、やれエネルギーがねぇとか、生きる力がねぇとか言われてるかわかるか？　そりゃ、子供の頃から遊びを〝与えられて〟きたからだよ。本当に面白えことってのは、自分で〝探す〟もんだ。その差はでけぇぞ」

もし岡野がこのまま遊び好きの職人になったなら重みがない言葉だったかもしれない。だが、彼の人生は妙なきっかけで変わり始める。ただ、きっかけと言ってもそれは『もう喰っていけねぇかもな』という思いとともに彼の前に立ちはだかったものだったが。

「オレが30歳のとき、超硬合金ってのができたんだよ。金型ってのは何千回、何万回とプレスを重ねると消耗してダメになっちまう。だからオレたち金型屋が喰えたってぇわけだ。ところが、摩滅しずらい金属なんてのができちまったら、仕事が減っちまうよな」

このままでは先細りになるしかない。考えた末、時代の荒波を乗り切るためには業界の不文律を破るしかないと思い至った。

「当時、金型屋ってのぁプレス屋をとばして直接、メーカーと取引することが禁じられてたんだな。そりゃ徹底されたもんで、金型を作るときも、どの企業のどんな部品を作ってんのか知らないことも多いくらいだった。これを破って、プレスも始めるしかないと思ったんだよ」

理由はほかにもあった。金型屋は作ったものを納入すればメーカーに部品を納入する商売だから売り上げの計画が立つ。だが、金型屋は作ったものを納入すれば仕事は終わり。継続してモノが売れるわけではないから、収入は安定しない。ようは、いくら腕が立っても下請けにすぎない、というわけだ。

ところが、父親が強硬に反対する。

「古い人間だからね。猛烈な勢いで〝バカなマネはやめろ〟ってんだ。そりゃお互い大変なもんで、3年間くらいああだこうだとケンカしてたな。で、最後にはオレが提案したわけ。『うちの工場ぁ夕方5時から朝8時までは誰も使ってねぇ。だったらこの間だけオレに貸せ』ってな。そしたら見かねたお袋が『どうせスグ飽きんだからやらしてやんなよ』って妙な理屈で味方してくれて、やっとの思いでプレスの仕事を細々と引き受け始めたってわけよ。オヤジはそれでも反対だったみたいで『電気代よこせ』とか言ってたよなぁ（笑）」

しかも父はさらなる条件を突きつけてきた。〝やっぱりプレス屋をやるってのはよくねぇ。誰もやりたがらねぇ儲けの悪い仕事や、どこもできねぇ難しい仕事ならやってもいい〟。

必要から出てきた言葉だったろう。だが、この一言が岡野の運命を徐々に変えていく。

1 本当に楽しいことぁ自分の手で〝探す〟べきもんだよ。

ゲームだの、テレビだの〝与えられた遊び〟は生きる力にゃならないよ。

「オヤジの言うとおりだと思った。となりゃ、まずは研究するしかない。思い切って、回転数が高い最新鋭の旋盤を買うことにした。早く回るほど金属が綺麗に削れて、精度の高い金型が作れんだよ。ところが、当時はこの旋盤を使いこなせる職人はほとんどいなかったんだ。そこでこう考えた。コイツを使いこなせば、自分にしかできない仕事ができる、とな」

機械は約70万円。現在の価値に換算すれば、小さな家が建つほどの金額だ。彼はこれを60回の月賦で買った。「長めにしても20回」と言うメーカーの担当者を拝み倒して手に入れたのだ。ところが、この出費がわらしべ長者のような展開を見せる。買ったばかりの頃は扱いに苦労し〝こりゃえれぇもの買っちまった〟と思った岡野だったが、次第に腕を上げると、確かに惚れ惚れとするような金型が作れる。すると、彼に最新鋭の旋盤を譲ったメーカーの担当者が、岡野にしかできない仕事を次々と見つけてきてくれるではないか。

「もし月賦を取り損ねたら困るだろ？　だから、大手メーカーが〝こういうもの作れる工場はないか？〟って困ってると、何でもオレのところに持って来るんだよ（笑）」

まずは電子レンジに使うマイクロ波発生装置の部品を作り上げた。金属の温度を上げず、常温で複雑な形に作り上げる難易度の高い作業だったが、腕を上げていた岡野にとっては決して不可能ではなかったのだ。これが評判を呼び、ついには話をどこから聞きつけたものか、アンテナの導波管、高級ボールペンの芯など、次々と新たな仕事が入ってくる。

奇妙な『夜中の工場』はフル稼働を始めた。

「ようするに、ハンディキャップを歓迎しなさいってことだな。実を言やぁオレ、プレス屋にあずっと『こりゃあんまり不公平じゃないか』って思ってたんだよ。自分は図面もろくに読めねぇくせに、景気がよくなりゃ真っ先に羽振りがよくなるしな。しかし、羽振りがいいことにあぐらかいてるヤツらは、ハンディキャップがないから努力をしない。こりゃあとの話になるが……当時、ラクしてもうけてた奴らは全部、時代の荒波にもまれて消えていったよ」

わらしべ長者の出発点は、機械を買ったことではなく、それよりずっと前から存在したハンディキャップだったのかもしれない。まず、60回で返すはずだった月賦を15回で返し終えた。昼間は父の工場で働いていたため、睡眠時間は3〜4時間程度。夜中の2時・3時まで仕事をしたり、海外の研究書を読み漁ったりして、朝の6時・7時には目を醒ます。それは、友人から〝オマエんちにゃ泥棒が入るヒマもねぇな〟とからかわれるほどの頑張りようだった。

「その頃からもう、キャバレーにも行かない、遊郭にも出入りしないマジメ人間になっちゃった。ただ、オレは思ってんだよ。子供の頃からずっとマジメだったヤツと、悪ガキがマジメに変わったヤツ、どっちがいいと思う？　そりゃ悪いけど、元・遊び好きの悪ガキの方が強いよ。なぜかって、マジメに〝頑張る〟ことより、興味があることを〝楽しむ〟ことを知ってるからだよ。でもって、楽しむってのぁ、頑張ることより上なんだ」

悪ガキでいいじゃねぇか……確かに、悪ガキはどこか、自分のエネルギーを持て余しているような部分がある。これを削ぎ落として丸く収まるよりは、せっかくの熱い何かを世の中にぶつけて生きろ、ということだろうか。こうして岡野は夢中になって技術を極めていく。

2 ラクに儲からない。上等じゃねぇか。
そのハンディキャップを歓迎しなきゃ未来はねぇよ。

当時、ラクして
もうけてた
奴らは
全部、時代の

ようするに、ハンディキャップを歓迎しなさいってことだな。
実を言やぁオレ、プレス屋にぁずっと
『こりゃあんまり不公平じゃないか』って思ってたんだよ。
自分は図面もろくに読めねぇくせに、
景気がよくなりゃ真っ先に羽振りがよくなるしな。
しかし、羽振りがいいことにあぐらかいてるヤツらは、
ハンディキャップがないから努力をしない。
こりゃあとの話になるが……

荒波にもまれて消えていったよ。

「ただ、楽しむっても、辛抱は大事なんだよ。メーカーの人が『岡野さんがこれ作ってくれなきゃ左遷されちゃう』なんて泣きべそかいて来りゃ、なんとか期限に間に合わせようと思うじゃないか。あんまり寝ないもんだから、この頃からオレの体内時計はぶっ壊れちまった。今でも夜中になんなきゃ眠くなんねぇし、朝になりゃパッチリと目が醒めちまうんだ。人間の訓練ってのは凄いもんだよ。夜、わざわざ床で寝てたこともあるな。なぜかって、夜中に何か思いついたら布団から飛び出して試したいだろ？　でも、気持ちよく寝てると起きるのがおっくうになるから、床で寝たってわけだ(笑)」

金銭感覚も、ちょっとした趣味人のようになっていった。いい機械を仕入れたはずが、潤滑油の問題で動かない。夕方に調整すると夜の間は動くが、朝になると安全装置が働いて止まってしまうのだ。『まるでキャバレーのような機械だな』と様々な潤滑油をブレンドし、半年かけてこの機械に合った油を作り上げた。初めはたった10万円の仕事に35万円の油代を使う羽目になったが、彼は『これでよかったんだよ』と笑い飛ばす。

「ようするに、目先の金なんてのは問題じゃねぇ。オレが儲かったのは、結局、独創性があったからだろ？　この油にしても同じこと。その後、オレが油に精通してるからって、いろんな会社が相談に来るようになった。結局、海外の潤滑油はもちろん、ひまし油まで試して望むものを作ってやったら、原価1万円の油が2万円で売れたよ。商売ってのはこうでなきゃ！」

ここで岡野は苦言を呈する。それは、誰もが歩んだことがない道を歩み続けた人物だからこそ言い得る言葉かもしれない。

「ところが、周りを見てると、どうも『独創性』がない。ほら、日本人はよく『独創性』とか

3 隣がトラクター買ったなら、ウチは戦車を買うぞってこなきゃ。

農耕民族の横並び感覚は、意識して捨てるべきだ。

『個性』なんてもの有り難がるじゃねぇか。そりゃ何でかってぇと、日本人はもともと、独創性や個性なんてものぁ要らなかったからだよ。理由はカンタン。日本人は農耕民族だろ？ 一度生まれ落ちたら、その田んぼや畑に合った作り方を代々繰り返してきた。だから、隣と揉め事が起こらないように意見を合わせるし、隣がトラクターを買やぁ『うちも』となる。ところが、先祖代々動物をとっ捕まえて喰ってきた狩猟民族は、隣のヤツが動物を捕まえたからって、同じ場所には行かないよ。なにせ、もう動物は残ってねぇ」

そんな感覚で生きている我々日本人だからこそ……

「人ができることを『オレも』って思うんじゃなくて、人ができねぇことをやるように心がけなきゃ。目の付け所が良けりゃ、1＋1が5になって返ってくるぜ。ようするに、隣がトラクターを買ったなら、ウチは戦車を買うぞってこなきゃダメなんだ（笑）」

携帯電話、注射針……。時代の流れに翻弄された人物は
いつしか時代を作る側へと回っていた

こうして、知る人ぞ知る職人になった岡野の元に、リチウムイオン電池の話が持ち込まれたのは90年代前半のことだった。せっかく有望な素材とわかっていても、製品化に際しての加工技術がなく量産できない……そんな技術シーズは山ほどある。そしてリチウムイオン電池こそ、

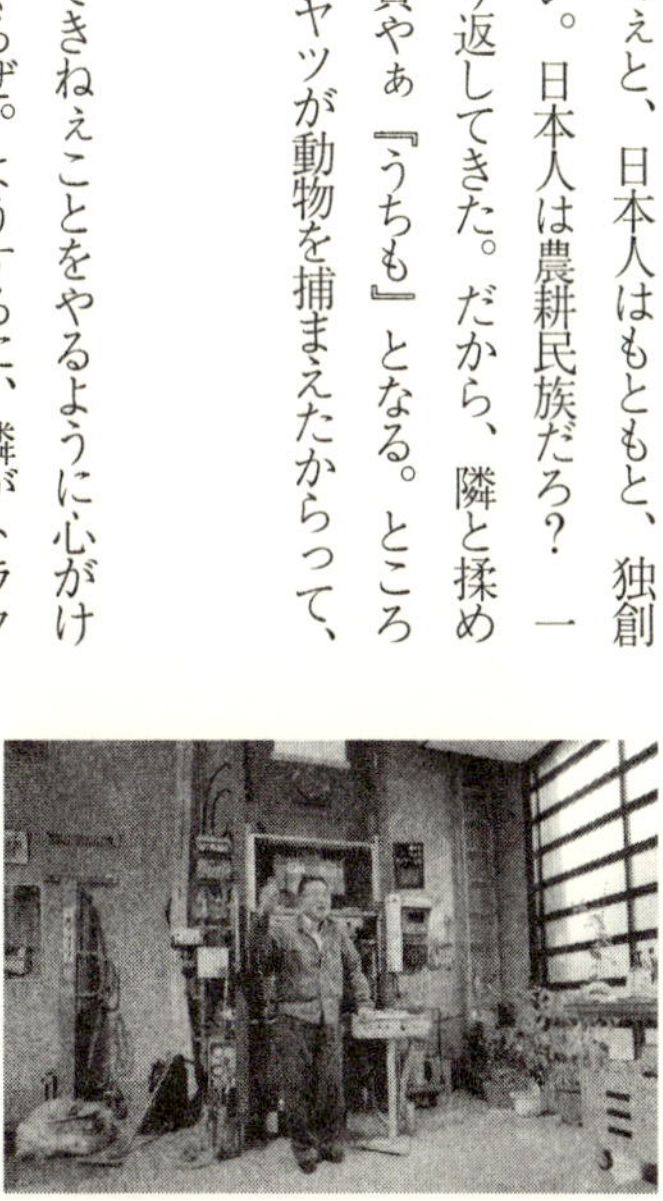

開発の鍵を彼の知識と経験が握るものだった。数知れないほどの油を試し、金型の素材を変えた。

そして皮肉にも、彼に成功をもたらしたのは、若き日の岡野を飲み込もうとした〝時代の流れ〟だった。ちょうど岡野が開発に向け悩んでいた頃から、超硬合金よりさらに硬い、セラミックの金型が普及し始めていたのだ。すぐに試してみると、精度が一気に上がった。

こうして岡野は4年の歳月をかけ、約60トンの力で14工程に分けてプレスし、最大85ミリまで深絞りする技術を開発した。

きっと〝時代の流れ〟というものは、努力した者と努力しなかった者がふるいにかけられる瞬間でもあるのだろう。電池の小型化により、携帯電話はメールやデジタルカメラを搭載するなど多機能化し、彼は劇的な進化のキーマンとして注目を集める。だが、岡野は既にその頃、さらなる挑戦を始めていた。

「ある日、医療器具メーカーの人たちが訪ねて来たんだ。聞けば、注射針ってのはアジア製の安い製品に押され、その形の通り先細りになってたらしいんだな。で、オレに痛くない注射針を作ってくれという。ほら、蚊に刺されても痛かぁないだろ？　そこで、髪の毛より細くて、しかし今までと同じくらい注射液が流れる針ができないかって言うんだよ」

作れるのは、世界で岡野雅行、ただ一人。こんな風に小さな町工場から世界を変える人生は目が眩むほど楽しいに違いない。

彼は再び一年半もの試行錯誤を繰り返し、ついに極薄の板を正確に丸める手法を編み出した。この製品は一日2〜3回はインシュリン注射を打たなければならない糖尿病患者などに光明を当て、さらには全く別の分野にまで進出する。半導体メーカーなどナノテク企業が、極小部品に液体を塗るノズルとして使えないか相談に来たのだ。そして現在、彼が極めた技術は世界を変え続けている。トヨタ自動車とともにハイブリッドカーの蓄電池ケースを深絞りで開発し、世界的にヒットした『プリウス』の技術研究のなかでも決定的な役割を果たしたというから、まるで近未来SFの世界だ。

独創的な技術は、独創的な感じ方から生まれる――職人が語る『小さな者の戦略』とは

だが、疑問もある。先に書いたとおり、彼の工場はいわゆる『町工場』。社屋は彼の自宅近所に2棟だけ。社員は6人で、電話に至っては彼の自宅と共用だ。こんな工場がSF的な技術を持つからこそ面白いのだが、なぜもっと大きくしようと思わないのか？

最後にこんな質問をすると、彼は一気に語り始めた。

「あのな、会社は大きいほどいいとか、就職するんだったらデカイ会社の方がいい、って考え方ぁ、自分は何も持ってねぇ、って言ってるようなもんだぞ。オレんとこぁ、ソニーの人が来ようが、三菱の人だろうが、日立の人だろうが対等だ。たとえばさ『技術開発の見積りを出してくれ』って言われりゃ『まだどう作ればいいかわかんないものの見積りが出せる

4 やみくもに会社をでかくすりゃいいってもんじゃねぇよ。ソニーの社長だからって昼飯が10杯喰えるか？

か！』って混ぜっ返すしな。これがもし、何百人も抱えた工場だったら、社員喰わせるためにガマンしなきゃいけないこともいろいろ出てくるだろ」

そして彼は、こう話を継ぐ。技術の開発と同じで〝生き方だって独創性があっていい〟と。

「小さい者には小さい者の戦略ってのがあるんだよ。たとえば、オレが特許をとるときぁ必ず、大企業と権利を半分こする。オレみたいなのが特許をとっても、絶対にマネされちまってな、裁判しても向こうにゃ大弁護団がいるってのがパターンなんだよ。だったら、権利を半分こした方がいいじゃねぇか。なあ、どっちが頭いいか、すぐわかるだろ？」

なるほど、作ったものの生産もできる中途半端に大きい工場を作るより、大量生産は大企業に任せ、利益もお互いで分け合った方が得策に違いない。しかも、新技術を使った部品が高く売れるのはほんの数年。価格競争が起きてしまえば、岡野の工場が多少大きくなっても大企業には敵うはずがない……。

そして岡野にとって、彼が言う『小さい者の戦略』は、生き方の問題でもあるのだろう。

「たとえば、オレは自分の娘に『金持ちのところには嫁に行くな』って言ってたんだよ。たいてい、金持ちってのはしみったれだから金持ちになれたんだ。それなら、貧乏でもいいから気前がよくて、嫁さんのこと『よく来てくれた』ってかわいがってくれる家に行った方が幸せじゃねぇか。就職するにしても同じだよ。いい大学の法学部に入って総合商社を目指します、なんてのぁ、先生に言われたからやってるだけのこと。一番最初に言ったよな。楽しいことってのは自分で〝探す〟もんだ。ウチの孫ぁ、子供の頃からオレがいろんなトコ連れてってやったなかで海が一番楽しかったからって、商船大学に行って海の男を目指してるよ。よく考えてみなよ。自分で楽しいことすら見つけられない人間が、就職して仕事を楽しめるわけがないだろ？」

もしかしたら、その独創的な技術は、彼の独創的な感じ方、考え方から生まれたものなのかもしれない。大きな会社がいいのか、小さなままでいいのか、世間並みの価値判断は一切放棄し、自分なりの生き方は自分で見つけろ……。

それは悪童が、誰に言われるともなく、自分で勝手に遊びを見つけ編み出す姿にも似ている。

そして彼は、肝心な稼ぎの面でも同じだ、と破顔一笑する。

「よくさ、オレの工場見て〝岡野さんのところはもっと儲けた方がいい〟なんて言う人もいるが、バカ言ってんじゃない。ただやみくもに〝金がある方が偉い〟なんて考えてるヤツに限って、使い道を何も考えてねぇんだよ。オレはテメェがほしい分は十分すぎるくらい稼いでるよ。研究開発費も十分あるし、社員にも十分喜んでもらえる額の給料を払えてる。工場だって、この大きさで十分だからこうしてんだ。だからな、オレは〝もっと大きい工場にすれば……〟なんて言うヤツには、こう混ぜ返すようにしてんだよ。〝ソニーの社長だからって、昼めし10杯喰えるか？〟ってね」

痛くない注射針

岡野代表社員に質問！

Q.1 好きな食べ物は？

食べものぁ贅沢だよ。今半のすき焼きが好きだった。まぁ、今は体壊しちゃって、寿司や日本そばだけどな。

Q.2 好きな寿司屋は？

銀座にある寿司幸。1人3万円もするが、人がなかなか喰えないものを喰うのが好きだから、これでいい。

Q.3 岡野さんにもできなかったことは？

男の子が生まれなかったな。悪い遊びで男の子の種を浪費しちまった。

Q.4 一番誇りに思っているのは？

作ったものより、女房だな。ありきたりな女房なら、バツ2、バツ3だよ、オレなんか。だって、夜11時から「キャバレー行くぞ」ってな男を許してくれたんだよ。大工の娘だから、いい教育を受けてたってことだ（笑）。

Q.5 作ったもので一番誇りに思っているのは？

痛くない注射針だね。毎日、注射を打って、腕がコチコチになっちゃってる人が本当に喜んでくれてさ、テレビの取材でお礼言われたときは、オレも涙がボロボロ出てきちまって困ったよ（笑）。

Q.6 岡野さんは刺したことはある？

もちろんだよ。血も出ないんだよ。小泉首相にほめられたとき、目の前で「ほら、本当に痛くないんです」って自分の腕にブスブス刺して見せてやったよ。

Q.7 注射は嫌い？

大ッ嫌いだね。オレの注射針でなきゃイヤだ（笑）。

Q.8 尊敬する人物は？

オヤジだな。年齢を重ねるほど、偉い人だったなぁ、とわかってきた。人間ってのは死んでから評価がわかるものだと思うね。

Q.9 教育に関しても一言あるようですが、自慢の教育法などは？

楽しいこと教えてやりゃ、子供は育つよ。オレなんか、孫つれてジャマイカ行ったり、ヨットやったりしてたら、孫が自分で「これが面白い」って船乗りを目指しはじめたんだ。

Q.10 若者に言いたいことは？

いろいろ言ったが、辛抱って大事だぞ。同じ仕事を真剣な気持ちで20年ぁ続けなきゃ、何も見えねぇもんだよ。

悪童でたくさんじゃねえか

岡野の話を聞いていると、個人の能力など、状況次第でいくらでも変わるものだ、と思わされる。「自分に能力がないなんて決めて、引っ込んでしまっては駄目だ。なければなおいい、決意の凄みを見せてやるというつもりで、やればいいんだよ」。岡野の言葉ではない。日本が世界に誇るアーティスト・岡本太郎画伯の言葉だ。

そこには、もともと人に備わった〝能力〟があまり意味をなさないこと、さらには、なぜか心が惹かれ「やる」と決意したその深みこそが〝才能〟であることなど、自由な人生観が行間に溢れている。

岡野雅行と／岡野工業株式会社の歩み

1950～60年　父親に『プレス屋をやりたい』と頼み『夜中の工場』を始める。

1972年　経営権を譲り受け、岡野工業株式会社を設立。
代表社員を名乗り、音の伝達効率がいいスピーカーの金網など、独自の製品を次々開発。

1990年代前半　携帯電話の電池ケース制作に成功。

0年代後半～　医療器具メーカー『テルモ』の依頼を受け、痛くない注射針を開発。
その後、トヨタハイブリッドカーの蓄電池ケースなど、主要産業の中核部品を次々と製作。

その後、米国『TIME』誌が彼の職人芸を題材に特集記事を組み、2004年には『旭日双光章』を受章するなど、70歳を超えた岡野の活躍は続く。著書は『あしたの発想学』（リヨン社）など。

派手に生きろ。
カネに執着しろ！
『アウトソーシング』の創始者
株式会社ＶＳＮ◎代表取締役会長
関口房朗

とてつもないカネの使いっぷりで有名な経営者がいる。

関口房朗――学生1300人をフランスW杯に

無料招待するなど伝説の大盤振る舞いをして見せただけでなく、

ロールスロイスや競走馬までも衝動買いしてみせる、

『金持ちのなかの金持ち』とでもいうべき人物だ。

ところが、彼の〝使いっぷり〟がメディアで有名な一方、

彼の〝稼ぎっぷり〟や〝稼げる理由〟に着目した報道は少ない。

金を稼ぎ、使う人間こそが『善人』と言い切る人物の語りには

どんな人生の光芒が見えるのだろうか……？

関口房朗《せきぐちふさろう》の歴史

1935年　兵庫県尼崎市生まれ。

1953年　地元の工業高校を卒業後、従業員1人だけの運送会社を興すが、あえなく挫折。

1960年　単身、上京……するつもりが、名古屋で事業を興す。

1963年　『関西精器株式会社』設立。最初の3年は順調な成長を見せるが、10年目に倒産。体を壊して入院。

1974年　『株式会社名古屋技術センター』を設立。
（以降の情報はインタビューページのあとに掲載）

そのとき、駐車場代もなかった。

「なにしろ、目先の資金繰りに苦労してたからね。営業で出歩く関係上、会社にクルマで行くんだけど、停めておく金がない。仕方ないから近所の神社に停めて、10円だけ賽銭箱に入れるんだ。金がなくて、お賽銭を入れるフリだけしたこともあったよな」

金策に困り果て、銀行でパフォーマンスをしたこともあった。

「経営資金を500万円借りるだろ？　しかし銀行には妙な習慣があってさ、そのなかの200万円は定期で預けておかなきゃならないんだよ。ところが、こっちはその200万円が必要なわけだ。銀行に行って、おろしたいと話したらやっぱり断られた。その場で『みなさーん！この銀行は自分のお金をおろさせてくれないんですよーっ』と必死で騒いだよ。すると『まま、まま』と奥の部屋へ通されて、その場で200万円渡された」

六本木ヒルズレジデンス上層階。東京タワーが見える窓を背に、彼は語る。

「情けなかったね。だって、今の日本は資本主義の世の中なわけだろ？　稼ぐこと、利益を出すこと、イコール『善』なんだよ。なのにこのていたらくや。いつか見とれよ、ってな……」

胸の奥で眠る、消しがたい思いに導かれ行く先も確かめず電車に飛び乗った青春

まるで絵に描いたような『お金持ち』だ。ユーモアを感じてしまうほどの苦労話、そして現在の、やりすぎなくらいゴージャスな生活……。

しかも、今の彼に至るすべてが少年時代からしっかり芽吹いていたと言うから面白い。

「終戦直後の焼け跡の話だよ。ウチの母親がタバコを吸う人だったから、オレもご多分に漏れず、故郷の尼崎駅前でシケモク拾いをやってたんだ。でも、ほかのガキより、ちょっと気が利いてたな。街角でタバコ吸ってるオジサンを見つけたらジーッと見つめて『タバコ捨てるとき言うてな。吸い殻カァちゃんにあげたいんや』って言うんだ。待ってると、たいていかわいそうに思って『コレやるから持ってけ』って新品を1～2本くれた。ところが！　実はシケモクなんか目じゃない。元からこの新品が狙いってワケだ(笑)」

上機嫌の関口が話を継ぐ。

「結局、人よりも、欲望の量が多いんだな。3倍～5倍はあるだろう。何か始めるとすぐ〝もっと、もっと〟って思うんだ。今の子供って、そこらへんでブレーキがきくだろ？　〝これは言いにくい〟とか〝これ以上は怖い〟とか。もったいないと思うし、残念だとも思うなぁ」

3倍～5倍――どんな感覚なのか理解しにくいが、きっと、彼が70年の人生で導き出してきた深みのある数字なのだろう。そして、この欲望の量が、実際に彼の人生を徐々に変えていった。関口は工業高校を卒業し、まずは運送会社を創業した。創業と言っても、なんとかトラックを1台手に入れれば、自動車を運転して気ままな生活ができる、といった幼い夢だった。当然、挫折した。すぐ、運転よりも荷物の積み降ろしが大変とわかったのだ。

欲望の大きさが発揮されるのはこのあとだ。

「実は、うちにゃ兄貴が3人いてさ、みんな工業高校を出て、3人で『関口工業技術』って、工作機械を作る会社をやってたんだ。で、オレがブラブラしてたら、親父が『オマエ、営業やってみないか』と言い出したんだな」

1 まずは、自分の欲望を肯定し、ブレーキなんかかけるな！

何が欲しいのか？ 何になりたいのか？

ところが、ここが関口だ。欲望か、気が利くのか、得意先の話を聞いて回るうち、アイデアが泉のように湧いてくる。

「得意先の言うことを聞いてると、みんなに共通点があった。何も、すべてオリジナルの機械がほしいわけじゃないんだよ。〝あの機械のここが使いにくい〟とか〝あの機械はアメリカ製で高い。安ければ買うのに〟といった声がほとんどだった。オレも工業高校出だから、自分で研究したら、グッと使いやすいものが次々できたよ」

ところが、この経緯が次の挫折につながっていた。兄たちから徹底的に反発されたのだ。自分たちがやっと軌道に乗せた会社だというのに、入って間がない末の弟が言いたいことを言っている。製品だけではない。『製図教室を開いて若い技術者にいろいろ教えて、優秀な人を採用したらエエやん』『銀行からカネを借りるなら、しばらくは利益率にこだわるより、売上高を伸ばそう』……堅実経営を旨としていた兄たちには許せなかった。

もしかしたら、どこか耳が痛かったからこそ、腹が立ったのかも知れない。

「しかも、ときは１９６０年や。東京オリンピックの4年前で、社会全体が面白いように成長しとる。ケンカしてすぐ『ここにおってもアカン』と、会社を飛び出すことにしたよ」

だが疑問もある。聞けば、せっかく仕事が面白くなってきたところではないか？ 少しは言いたいことを我慢しようとは思わなかったのか？

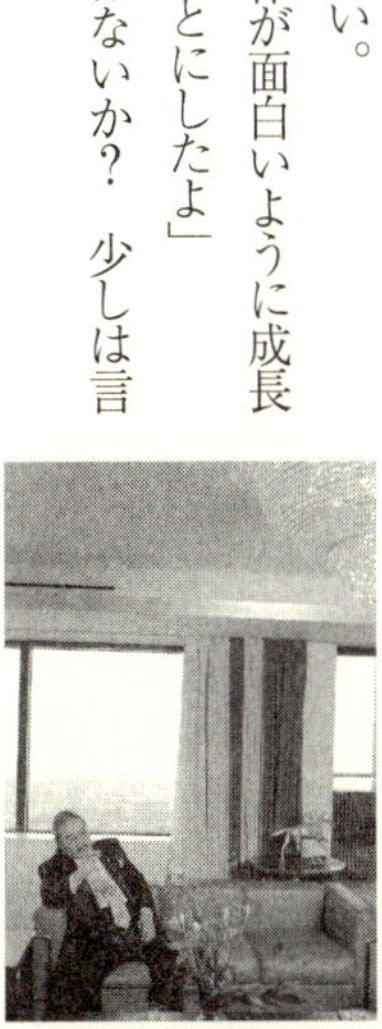

「そら違うな。言いたいことがあるなら、遠慮しながら言うんじゃなくて、熱く熱く議論すればいいんだよ。すると、今まで気付かなかったことまで見えてくるんだ。10やればいいなら、20やれ。必ずおまけが付いて返ってくるから。

このときも、本当にいいことがわかったぞ。ここにおってもアカン、と心から納得できたんだ。結局、兄貴たちの会社に、自分はお呼びじゃないとわかった」

ここで彼は、ちょっとした立志伝中の人物になる。

「とりあえず遠くの街に行って、兄貴たちと客の奪い合いをせんところで、ウチの商品を売りまくる。で、機を見て独立してやろうと決めたんだ。どうせ行くなら東京だ、とボストンバッグを持って電車に乗った。ところがや。乗った電車の終点が偶然、名古屋だったんだな。

駅のホームで『よう考えたら、ここでもええやん』と考えた」

中小企業オーナーの悲哀を味わい尽くし崖っぷちでようやく捨てきった〝負け組の思考〟

ようするに、10やればいいことを20やる過剰さに導かれて辿り着いたのが名古屋だったということだろう。こんな縁で、彼は30年以上名古屋に住み続けることになるが、それはあとの話。

「6畳一間、共同トイレの風呂なしアパートに住んで、そりゃ一生懸命営業したよ。もちろん、簡単にうまくいくものじゃなかったが、3年目に救われた。兄貴たちが、当時最先端だった図面専用のコピー機を改良して、拡大縮小ができるものを作ったんだ」

何だ、既成のものを改良する、ってオレが何度も言ったことじゃないか――だが文句はない。品物は売れに売れ、関口はこの儲けを元に、自分の会社『関西精器』を創業できたのだ。

だが、ここで彼は中小企業経営者の悲哀を味わい尽くすことになる。

「機械に組み込む配電盤や制御盤を作る会社だったんだが最初は時代の波に乗って、3年目には1000坪の工場を建てるまでになった。ところが、必死で新製品を開発しても、今度は逆にオレの作ったものが大手にマネされてしまう。しかも、ただでさえ経営がきつかったのに、新製品の開発に失敗して、労働争議のストライキが起こるようになった」

なるほど、堅実経営の兄と対立した人物らしい、花火のような生き方だ。咲くのも速いが落ちていくのも速かった。社員の目からはワンマン社長に見えていたに違いない。

「組合の神経戦には、本当に参ったよ。だって、ウチの子供に見せつけるように、家から学校までビッシリとオレを中傷するビラが貼られてるんだ。当然、学校でいじめられるよな」

だが、ない袖は振れない。銀行で必死のパフォーマンスをして、本来預けておくべきものをおろしたのもこの頃だ。ところが、ここにオイルショックが重なるとひとたまりもなかった。

「まぁ、ようするに、何をやっても潰れる会社は潰れる、ということを学んだよ。結局、そこから地獄の日々を送るしかなかった。会社の精算、借金や労働争議の和解、最後まで残ってくれた社員の再就職先探し。心は前向きだったけど、体は正直だった。こんな暮らしを1年以上続けたら胃をやられたんだ。すべてがおわったとき『やっと入院できる』ってホッとしたよ」

だが、それまで自らの過剰さを盲信してきた人間が、このとき初めて事業家になった、と言ったらうがち過ぎだろうか？　最初のきっかけが訪れた。労働争議の最中も関口に味方してくれた社員たちが病室に来て、社長と一緒にやってみたいことがある、という。

「会社が傾いてから、ずっと部下に話してたんだよ。やはり、中小企業が商品開発をやるのは無理があった。しかも、不景気でモノが売れないから、大企業は次々と新製品を出してくる。本当は、大手メーカーから設計を受託する会社をやればいいんだがなぁ、ってな」

これを覚えていた社員たちが、彼の元に集まってきたのだ。失敗というものは、別の可能性を暗示している場合が多い。無理をしてでも商品開発をやってみなければ、設計を受託するという発想には至らなかったろう。そしてこれこそが、10やるべきことを20やる過剰さに導かれ、ようやく見えた事実でもあったはずだ。いずれにせよ、名案だった。資本もいらない。退院後すぐ『名古屋技術センター』という名で会社を興した。

だが、この会社がまたしてもうまくいかない。彼は再び、中小企業の貧乏社長そのものの生活を送ることになる。

「名古屋の中区にある若宮神社の近くに事務所を構えた。といっても資金なんてないから、本屋の2階の小さな部屋を借りただけ(笑)。例の駐車場の話は、この時期だよ。今でも覚えているのは、月末が近づくと、カレンダーを見るのが恐くて仕方なかったことだな。子供の月謝はおろか、頑張ってくれてる社員への給料すら払えるかどうかわからない……」

事実、月謝を何か月も滞納した。名古屋に着いてから突っ走ってきたが、関西精器の創業まで3年かかり、その後10年目に会社を潰し、この時点でもう38歳になっていた。関口は、彼に

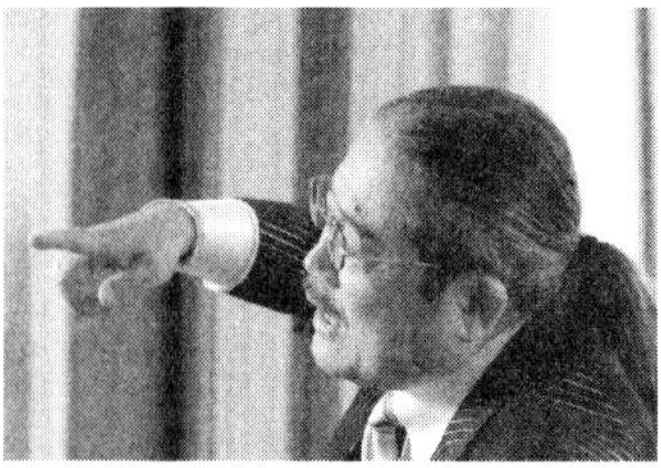

しては珍しく弱気になった瞬間のことを覚えている。会社からの帰り道、神社の境内で石ころを蹴っ飛ばした。転がっていく石を見ると、まるで自分のように見えた。

「情けない、と思ったよ。社員の前ではなんとか取り繕っていたけど、心の中は弱音でいっぱいだった。この石ころの方がいくらかマシだって思ったよ。だって、蹴っ飛ばされても泣き言は言わないんだから……。そのとき、石を拾った。持ち帰って〝1〟と力強く番号を振って、ノートにひとつめの悩みを書き殴った」

　子供の頃からの欲望も、過剰さも、年月を経て形を変えていた。彼が感じたのは、自分への強い怒りだった。八方ふさがりになっている自分の悩みを書き込むと、結局は自分が甘かったことに気付かされた。仕事が来ない辛さを思ったが、結局は自分のビジネスモデルが甘いだけだった。若宮神宮の石は次々と増えて行き、12～13個になった。

　ここで、彼は興味深いことを言う。

「今思えば、実際の変化って、こんなことから始まるものなんだよな。たとえば、オレみたいに仕事がうまくいってなかったとするじゃないか。そんなときは、こんな小さなことでいいから、今までと違うことを始めなきゃいけなかったんだ。オレの場合は、悩みを言葉にした」

　景気がよくなってほしい、仕事がほしい、といった他者をアテにした〝願い〟はすべて負けの思考だとハッキリした。彼は中古のクルマの運転席で、狭いアパートで、独り振り返った。

3 必要なのは、具体的な変化だよ。なぜなら成功するヤツ、しないヤツ、その差は本当に紙一重だから。

崖っぷちではあるが、谷底ではない。執着しろ！　生きることに、カネに、執着しろ！

結果は、意外と早く現れた。

「夜、終電近くのオフィス街を歩いていたんだ。みんな煌々と灯りがついてる。たしか、あのフロアには設計部門が入ってたよな、と思った。だがウチに仕事は来ない。設計図は企業の生命線だから、外に出したがらないんだ。『ああ、行って手伝ってあげたい』と思ったよ」

行って、手伝う？

「ちょっと待てよ、と思った。これ、逆転の発想じゃないか？　図面をもらえないなら、こっちが内部に乗り込んでいけばいいんだよ。当時は図面を引くのが手作業で、複雑なものになると何千枚、何万枚と図面が必要になる。これを引くだけでも、技術者の需要は計り知れない」

そのとき、関口は夜のオフィス街に煌《きら》めく灯りのすべてが、自分のビジネスチャンスに見えたという。忙しいときにだけ雇えばいいんだから、正社員を雇うよりずっと安いコストで済む。成功の確信があった。すぐに彼は営業を始める。何らかの壁が破れると同時に、少年時代の、タバコをせしめたときの感覚が戻ってきた。

「珍しい商売だから、なかなか話を聞いてくれない。でも、そこで諦めちゃいけないんだ。仮に、週に一度顔を出したなら『また来たか』で終わり。しかしほとんど毎日顔を出すうち、何が起こったと思う？　偉い人が社員に『アイツを見習え』って言い出したんだよ(笑)」

笑い話のような営業もした。

「会社の部長さんが数日、出張に行くとするだろ？　机の上は名刺でいっぱいなわけ。そんななかにオレの名刺を置いても目立たないから、悪いがほかの人のは捨てさせてもらって(笑)、自分のを真ん中に置く。翌日行くと、自分の名刺が脇にどけられ、別の人間の名刺がいっぱい置いてあったりする。またザーッとどけて、自分の名刺を置き直した」

成功が見えたからテンションが高まったのか？　それとも、テンションが高まったから成功が見えたのか？　アイデアも泉のように湧いてきた。この新しいビジネスに名前をつけようと考え『アウトソーシング』という言葉を作り出した。そう、今も頻繁に使われるこの言葉は彼がこのときに作り出したものなのだ。さらにアイデアをひねり出した。大企業の技術研究所は立ち入り禁止のところが多い。そこで営業に行けなかった会社も数多くあったが……

「待てよ、手紙を送ればいいんだ、と思いついた。こうしてオレが日本で初めてダイレクトメールを出すことになったんだ。祈るような気持ちで、心を込めて自分の事業の説明を書き込み、ダイヤモンド社の会社職員録を引いて、とりあえず大手メーカーの技術部長100人に手紙を出した」

現在、DMは1％反応があれば成功とされる。ところがこのときは20件問い合わせがあり7件から会社に説明に来てほしいと頼まれた。待てよ？　これを全国の企業に出しまくったらどうなる？

「当たりや！　なんや、図面をもらうか、技術者が行くか、こんな紙一重の違いで、全然別の結果が出るんや！　と思ったよ」

4 言いにくいこと、言わないだろ？・最近の子は……。中途半端に言うから嫌われるんだ。
徹底的に言えば"アイツを見習え"になるのにね。

イカンと思うのは、カネを抱え込んで使わない人間だ。そして、もっとイカンと思うのは

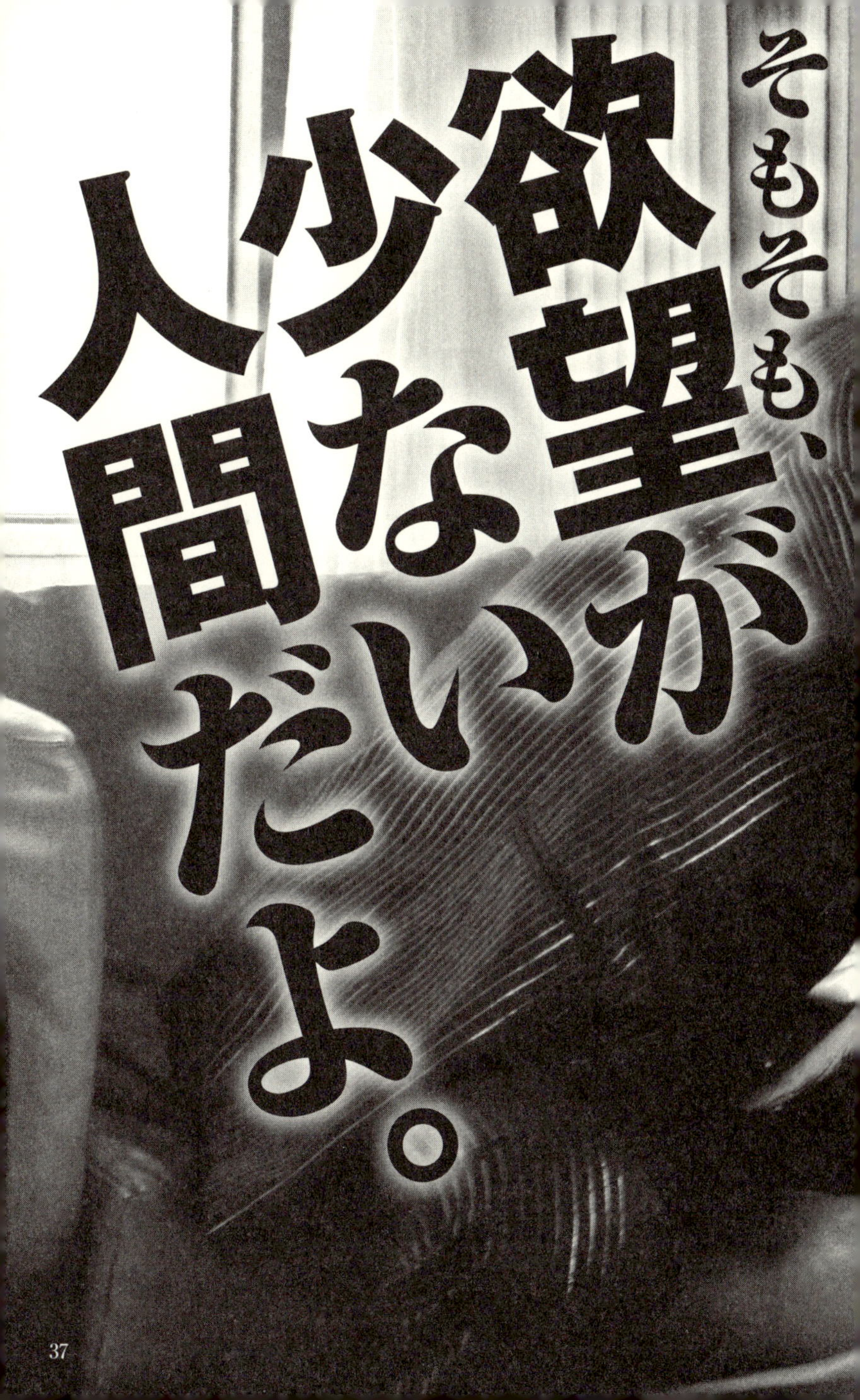
そもそも、
欲望が
少ない
人間だよ。

笑い話にはとどめがある。こうしてやっと鉱脈を見つけたが、今度は技術者が足りない。なんとかすぐに優秀な人間を採用しなければならないが……。

「面接会場が本屋の2階じゃ話にならないだろ？　職安に頼み込んで、無理言って部屋を貸してもらったよ。面接に来た人たちも安心したと思うよ。

ところが、入社してみると本屋の2階ってわけだ。オレは敢えて堂々と振る舞ってたけど、当時入ってくれた人たちは、みんな唖然としたんじゃないかな（笑）？」

電撃的に奪われた『メイテック』社長の座　そのとき関口を救った最後の一手

こうして、彼の事業は軌道に乗り始めた。いや、軌道に乗ったというより、爆発した。ＤＭを送れば、いくらでも仕事が来る。まずは技術者を大量採用し、教育システム作りに着手した。同時に、図面などの情報漏洩がないか厳しくチェックするシステムを構築したら、防衛庁が大手顧客として名乗りを上げた。今まで、技術者の絶対数が足らず、彼らは困り果てていたのだ。次第に『名古屋技術センター』という名がふさわしくなくなった。なぜなら、既に取引先は全国へと広がっていたのだ。社名を『メイテック』と変えた。

こうして彼は、一躍、急成長企業の社長になるのだが……同時に、大盤振る舞いが大好きで、競走馬を〝まんじゅうを買う程度の感覚〟で購入し、クルマと装飾品だけで億を超えるものを身につける、現在の関口房朗になっていったのだ。

「結局、今までの経緯からオレはもうわかっていたんだ。お金も、人間も、同じ。自分がどれだけ望んでも、手に入らない。じゃあどうすればいいか？　男女の間柄と同じだよ。お金にも、人間にも、惚れられなきゃいけない。じゃあ、何をすればいい？　誰でも、好きな異性の前に行くと、自分を演出することってあるはずだ。それと同じで、惚れられるためのパフォーマンスをしなきゃいけない」

上手に理由を付けて、元々お祭り男である自分を肯定しているようにも思える。だが、この過剰さが、彼を彼のいるべき場所へと導いた。アウトソーシングという一大システムを築き上げた社長が、尋常ではない勢いで豪勢にカネを使っている……。すぐにテレビや雑誌の人気者になったのだ。

「もちろん、グチャグチャ言われたよ。経営者の集まりなんかに出ても『この成り上がりが』って表情でオレをにらみつけてた人間、いるもんな。でも、大丈夫。こんなことでひねくれた感情を持つ人間の会社は、なんだかんだ言ってうまくいってないことの方が多いんだ。お金ってのは人格を作る。無きゃギスギスするし、余裕がある人間は人格にも余裕が出てくるものだ。松下幸之助さんみたいな本当に凄い人は、オレを見つけると『いいところに目を付けましたね』ってニコニコ話しかけてくれたよ」

なるほど、資本主義社会において、稼ぐことが『善』なのだとすれば、何も善行を隠す必要など無い。だが、疑問もある。人間でなく〝お金に惚れられる〟とはどういうことなのか？

5
金を使うにしても、稼ぐにしても遠慮は無用。
なぜ、善行を隠す必要があるって言うんだ？

彼はこんな例え話を出してみせる。

「たとえば、キミが取引先の上役と飲みに行くとするだろ？　詰まらない居酒屋に入って、会計を経費で落としたなら、相手の心の中に何も残すところはないだろう。一方、それなりの格式がある店に入って、敢えて『自分の気持ちだから』と身銭を切ってみなよ。給料日までずっとカップラーメンしか食えないかもしれないけど、必ずそれ以上になって返ってくる。誰かをうならせるようなお金を使うと、勝手にお金がキミに惚れて、たくさんになって返ってくるってわけだ」

彼は話を継ぐ。たとえば自分の場合は、一流のクルマに乗ったおかげで、同じクルマが好きな一流の人と友情が築けたし、人に頼まれて競走馬を買ったら、一生の趣味と新しい人脈ができた。しかも、そんな自分を見てひがむ人間は、どうせ自分には付いてこない人間なんだから、相手にする手間も省けるというものだ――。

そして実際に関口の過剰なパフォーマンスが彼を救う日がやってきた。96年、彼は突如、メイテック社長の座を解任されてしまう。87年、名証に株式を上場し、さらなる成長を見据えていた時期だった。そこで97年、彼は捲土重来を期してメイテックと同業の『ベンチャーセーフネット』（現・ＶＳＮ）を立ち上げるが、そのとき……

「ひとつだけ欠けている要素があった。人がいないんだ。起業に必要なことってのは、突き詰めればお金と経験と人、この3つだけだ。オレの場合、メイテックを上場させたことで、起業に必要な個人資産は充分持っていた。当然、経験もある。だが、人がいない」

メイテックから関口の元に駆けつけてきてくれた部下もいたが、派遣業を起こすには足らない。募集しようと思っても、そもそも『ベンチャーセーフネット』という名前自体が世の中でまったく知られていない。ここで彼は、渾身のパフォーマンスを見せる。

「ベンチャースピリット賞、と題して小論文を募集したんだ。そして優秀な学生を、日本が初めて出場するサッカーワールドカップフランス大会に無料で招待する。1人や2人じゃ話題にならないから、一気に100人くらいは、と思っていた。ところが、発表したらすごい数の応募者が集まってきたんだ。オレは思ったね。そんなに見たい人が多いなら、極力連れてってやるのが自分の生き方だ。最終的には、総勢1300人フランスに連れて行ったよ」

同時に『若い会社をオレと一緒に成長させよう』というメッセージを送ると、入社試験にとてつもない数の応募が殺到した。

「オレは何も、大風呂敷を広げてるわけじゃないぞ。結局、こんなきっかけで優秀な人間が自分の元に集まってくれた。〝投資〟ってのはこういうことなんだ。戻ってこないんじゃないか、ってくらい遠くに投げたって、使い方が間違ってない限り、必ず戻ってくるものなんだ」

実を言うと、世の中には関口以上に個人資産を持っている人間など山ほどいる。しかし、関口ほど面白おかしい『金持ちキャラ』はなかなかいない。こうして彼は再び、何事もなかったかのように『アウトソーシングの先駆者』として実業界に返り咲き、今度は公的な試験で技術者のランク付けをするシステム作りに着手。そしてVSNは既に株式公開を視野に入れるまで

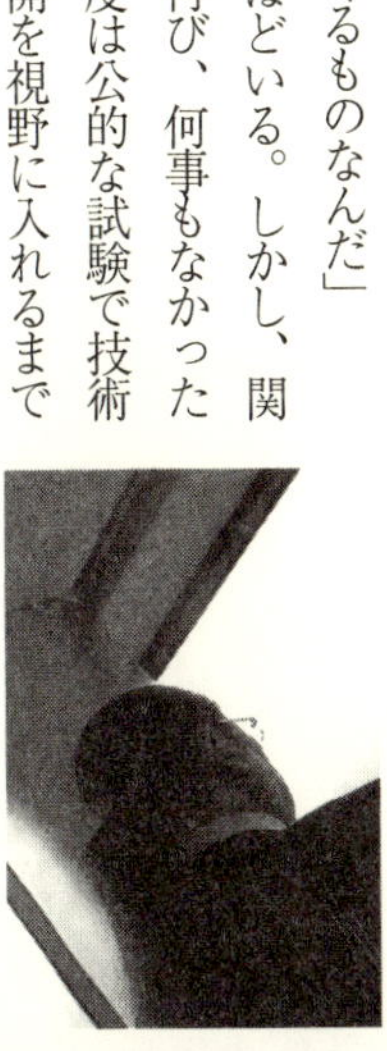

6 お金に惚れられる人間にならなきゃ!

男女の関係と同じだろ。お金を手に入れたいなら、願ってでも望んでもダメ。

に成長を果たしているのだ。

だが、最後にどうしても疑問がある。

敢えて〝聞きづらいことがあるのですが〟と断ってから、こう聞いた。やはり関口房朗というと、成り上がりの印象が強い。当然、批判を受けることも多いはずだ。だが、多少の意見などものともしないところを見ると、あなたのなかでは、金持ちイコール善という考え方が倫理観にまで高まっているのだろう。正直、そこの部分が謎だから、この機会に語ってほしい……。

すると、彼は目を鋭く光らせて、こう答えた。

「いいだろう。まず、自分が贅沢できるのは、前の会社を上場したときのキャピタルゲインと、現在の会社が上げている収益があるからだ。社員には十分な給料も払っているし、教育システムも充実させ、今は企業グループを作るため、ウチの会社から独立してくれる人間も育てている。社会をこれだけ変えたんだから、利益が入ってくるのは当たり前の話だよ」

そして、こう話を継ぐ。

「それより、自分がイカンと思うのは、カネを使わない人間だよ。自分が抱え込んで、夜中にこっそり数えていても流通しないじゃないか。オレは金を持っている限り、使うよ。いいものを食べ、いいクルマに乗る。それは同時に、一流のものを一流と認めている証なんだ。

だが、カネを使わない人間より、もっとよくないのがいる。それは欲望が少ない人間だよ。オレに言わせれば、稼ぐために最善を尽くさない人間。それこそが一番の〝悪〟なんだけどな……」

関口会長に質問！

Q.1 今日の服のブランドは？

既製品は買わないの。すべてオーダーメイドだから（笑）。

Q.2 服やクルマなどをほめられると嬉しい？

いや、実はそれほど嬉しいと思わない。ほめ言葉はそのまま受け取っても自分を変えはしないから。

Q.3 経営手段などを取材されることは多い？

多いよ。でも最近じゃあ、競馬のこと聞かれたり、バラエティに出たりする方が多くなってきたわ（笑）。

Q.4 では、中小企業経営者だった頃のことを聞かれることは多い？

多くないな。オレ自身、過去を振り返るのは嫌いだし。

Q.5 今後の目標をお聞かせください。

年商4000～5000億円くらいの企業集団を目指したい。今、ウチから飛び出してくれる若手を育てているところなんだ。

Q.6 今、一番ほしいものは？

モノじゃないね。優秀な人材がほしいよ。

Q.7 関口さんが考える“優秀な人材”とは？

仕事におまけを付けてくる人。「これをやってほしい」と頼んだら、それにプラスアルファの何かを付けて返してくれる人だね。

Q.8 取材を終え、とくに読者へ言いたいことは？

成功は降って湧いたように現れるものじゃない、ってことだな。

株式会社ＶＳＮ　代表取締役会長◎関口房朗　『アウトソーシング』の創始者

派手に生きろ。
カネに執着しろ！

「人は出逢うべき人とは必ず出逢う。しかも一瞬早からず、一瞬遅からず。しかし自分にその思いがなければ、面前にその人ありといえどもそれを知らず」。国民教育の師父と言われる森信三の言葉だ。

個人的には、一見、偶然に思える人との出会いをこれほど合理的に示した言葉もないと思っている。だが関口会長の話を聞き、蛇足を加えたくなった。このような出会いを経験できる人物は、人に対して自分を誤魔化さずに接した者のみなのだろう。兄に食って掛かり、役に立てると信じれば、手段を選ばず営業した。批判を承知で派手に生きた。その結果、何度も手ひどい目にも遭ったが、事業や人との出会いも経験できた――。

いかがだろうか？

関口房朗と／株式会社メイテック、株式会社VSNの歩み

1985年／『メイテック』に社名を変更。この年、株式上場を果たし、その後の業績向上を受け株価が上昇、億万長者に。

1996年／メイテック社長を電撃解任される。同じ年、名古屋に『パルテノン神殿』と呼ばれる大豪邸を建築し、世間に不屈の精神を見せつける。

1997年／『ベンチャーセーフネット』（現・VSN）設立。フランスワールドカップに1300人招待の大盤振る舞いを見せ、話題に。

その後、同社は数多くの一流企業に技術者を派遣するまでに成長。
現在は株式上場をも視野に入れている。詳しくは　http://www.venturesafenet.com/

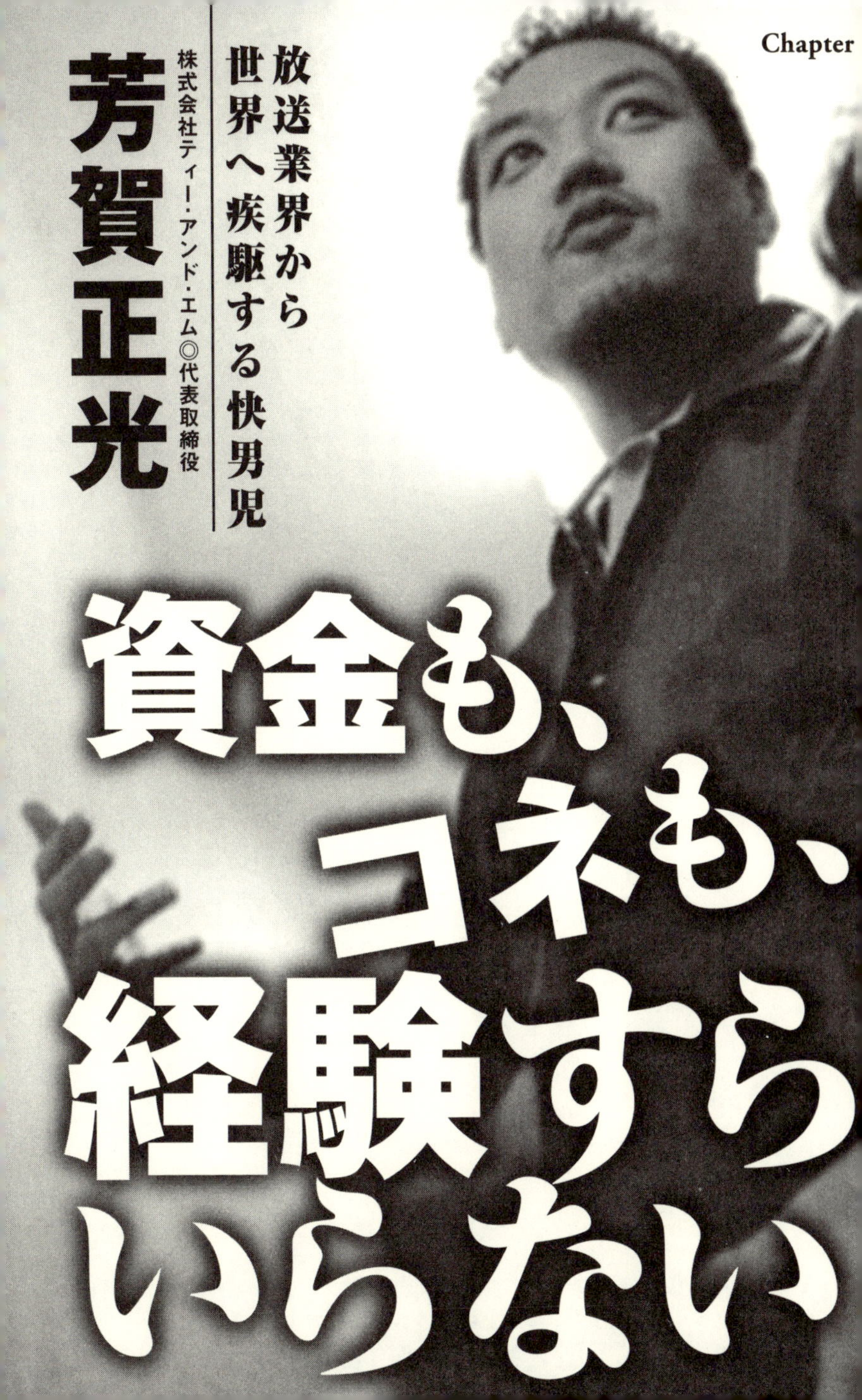

Chapter

放送業界から
世界へ疾駆する快男児

株式会社ティー・アンド・エム◎代表取締役

芳賀正光

資金も、コネも、経験すらいらない

『ネットとメディアの融合』。IT業界の有名社長らが好んでブチ上げ、いまだ、その成果を何ら実感できない不思議な言葉だ。

ところが、テレビ業界で、地道にこれを実践する会社がある。

キー局ではない。『T＆M』という名の、社員わずか100人程度の制作プロダクションだ。

しかもこの会社、アルバイト情報誌の『ちょっとマスコミ』コーナーに載っている会社に電話をかけまくり社長自ら社員を率いて修行のバイトをするなど、何とも破天荒なやり方で業界に入り込んだ経緯を持つ。

社長の名は芳賀正光。彼は目を輝かせて語る

「資金も、コネも、経験すらいらない。真剣に役に立とうとすれば必ず助けてくれる人がいるものですよ」――。

芳賀正光《はがまさみつ》の歴史

1965年　青森県で生まれ、その後、東京で育ち「足立区最凶の男」と異名をとる。

1983～84年　映像関係の専門学校に入るが、ここを中退。以降、経営コンサルタントとして活躍する。

1991年　素人同然の腕前をものともせずNHKのカメラを担当。
その後、映像制作プロダクションを起業。

（以降の情報はインタビューページのあとに掲載）

やらせ一切ナシの放浪番組『一宿一通』、軍事評論家が海外から送る危険地区現地レポート、さらにはアイドルが視聴者の要望に応えてポーズをとる双方向番組など、地上波にない番組を多数制作、放映しているブロードバンド放送局がある。その名は『あっ！とおどろく放送局』。アイウエオ順で紹介されるとき一番はじめに来る、という理由で付けられた名前だ。

「生放送も含め、常に1000以上の番組が放送されていますよ。キャストも個性的です。コスプレの世界で有名な美女、旅を語らせたら止まらないJTBのカリスマ社員、『キャバクラ大学』学長……出たい人に好きなことをしてもらってるのが自慢なんですよ」

しかし、放送局や通信事業者が手持ちのソフトを流すならともかく、番組制作プロダクションが手間をかけて自前の番組を流すのはなぜか？　しかも年間の維持費は数千万円。広告費を稼ぐ人気番組は一部だから黒字というわけにはいかない。非常に厳しい出資にも思えるが？

T&M社長・芳賀正光が、太い腕を組み直し、真剣な表情で冗談のようなセリフを放つ。

「実を言うと……我々は、笑顔で世界を征服したいと考えているんです」

なかなか聞かない言葉だし、意味もよくわからない。しかもこの人物、青年期は〝足立区最凶の男〟と呼ばれた人物なのだ。

ケンカ、暴力——孤独のなか何かを求め続けた青春の日々

芳賀の両親は彼が幼い頃に離婚。普通の子供が親から学ぶ常識めいたものを教わらず育った。家計も苦しかった。『同じ服ばっか着てんじゃねー』……虐《いじ》められる条件を揃えた子供だった。

だが、すべては小学生のときに芽を出し始める。

「ガキ大将が、自分の力を誇示したかったみたいで、みんなの前で言ったんですよ。『この鉛筆でオレを刺せるヤツはいないか？』って」

聞けば、なぜバカげた役を買って出たのかは既に記憶にないという。ただ、鉛筆を握った瞬間、頭をよぎったことは鮮明に覚えている。

「ビビッて中途半端にチョコンと刺したらボクがやられる。どうせ刺すなら、相手が報復する気をなくすまでとことん刺すしかないと覚悟を決めましたね」

手の甲に力一杯、何度も突き刺した。あふれ出る血を見ながら、芳賀はガキ大将がかわいそうでならなかったという。

「結局、救急車が呼ばれる騒ぎになって、その後ヤツはボクと目を合わそうともしませんでしたよ。そのときわかった。イザ勝負となったら相手が戦意を無くすまでやらなきゃいけない」

小中学校に通う間、芳賀は学校で嫌われ、いじめられ続けた。だが彼は、決して腕力があったわけではないが誰にも屈服しなかった。芳賀は語る。『やられても絶対負けを認めずに、相手が〝コイツ死ぬまで来る気か？〟と怖くなるまでやっただけだよ』と。そして彼は高校生になると自然と〝血〟とか〝襲撃〟といった言葉が似合う毎日を送るようになる。

ところが……というか、だからこそと言うべきか、心に温かい光が差し込んだ瞬間のことが胸に焼き付いている。

「大ゲンカして停学を喰らい、もう学校やめるかな、と思ってた時のことです。クラスの友達が何人かでバイクに乗ってきて『芳賀、今日のノートだぜ』と置いていくんですよ。勉強しろって言ってるわけじゃない。ようはボクに『やめるな』とメッセージを送ってくれたんです」

灰色の人生のなかでは黒も白も目立つことはないだろう。だがススや排ガスで真っ黒に汚れた道に咲いた白い花はどれほど美しかったか。こんなきっかけで、彼は悪事からぱったり足を洗っていく。恋もした。高3のとき、芳賀は文化祭に来た他校の1年生に一目惚れする。

これがいい恋だった。

「一生懸命誘って、初めて一緒に食事をしたときのことです。当然、ボクがごちそうするつもりで精算を済ませたんですよ。そしたらなぜか、彼女から畳んだティッシュを渡されたんです。あとで開けてみると、そこには彼女の分のお金が入っていた。彼女はボクに受け取ってもらうためにこうしたんです」

芳賀は思い出すように語る。〝人を大切にする気持ちってのを、ボクは彼女から学んでいった〟と。少年時代から芳賀の周りには、人も自分も深くえぐる傷しかなかった。だが、こんな不浄から生まれてきたものこそが気高い美しさをまとうのだろう。芳賀は、ついに手を出さずに終わった恋を、心から懐かしそうに振り返る。

「その後、彼女のために絵本を書いたら、なんと賞をとって出版されることになったんですよ(笑)。ボク『お金は要りません』って話して、そのかわり彼女の誕生日、11月11日に書店に並べてもらったんです」

1 **相手が戦意を無くすまで徹底的にやる**こと、それだけだから。

血が噴き出すのを見ても、ボクは刺すのをやめなかった。だって、ケンカに勝つコツって、

番組制作会社を設立
すべては一か八かの大博打だった

その後〝何かを作りたい〟という思いに駆られ、高校卒業後に映像関係の専門学校に入った。しかし、ここを中退。そして彼は、経歴からは想像もできない商売を始めた。

「経営コンサルタントのようなことをやっていたんです。経営学？　そんなの学んだことないですよ（笑）。友達の親父さんが小売りチェーンをやってて、彼にちょっとアドバイスしたのがきっかけだったんです。普通、目玉商品は店先に置きますよね。ところが、お客さんを観察すると、だいたいチラシを見て来てるんです。なら、目玉商品を一番奥に置いて、導線上の品物も見てもらった方がいいですよね。そんなアドバイスをしたら作戦が当たって、なんと小遣いをもらえた。しかも〝この子のアドバイスいいよ〟と、いろんな人に紹介してくれるんですよ」

そして、映像制作会社を起こそうと考えたのは24歳のとき。その動機と経緯がふるっている。

「友達の結婚式を撮影したり、企業に頼まれて人材教育のビデオを作ったりするうちに、これは楽しそうな商売だな、と思うようになったんです。いや、本当にそれだけなんです（笑）」

とはいえ、とっかかりも実績もない。普通であれば、とりあえず制作会社へ入社して経験を積むあたりが妥当だ。ところが、ここで芳賀はあり得ない行動をとる。

「まずは秋葉原に行って、お店の人に『プロが使うカメラってどれくらいすんですか？』って聞いた。忘れもしませんね。ＣＣＤ―Ｖ５０００という肩に担ぐカメラを薦められ、清水の舞台から飛び降りたつもりで35万円出したんです。その後『ボク、カメラ回せるよ』と吹聴して

いきなり回したのが、NHKのカメラだった。でもムチャでいいじゃないか。

若いんだから、若気の至りでもいいじゃないですか?

回るうちに、NHKの人と『やってみる?』『任せて下さい!』なんて話をする機会があって、本当にロケを撮ることになった。ところが、撮影の前の晩〝一応知らないことがあるとマズイよな〟と知人の制作会社に行ってみると、ここで初めて自分がド素人だとわかったんです」

プロ用と思って買ったカメラは、現場のレベルから見ればオモチャ同然の代物だった。撮影のアイデアはあるものの、『ベーカム』とか『ゲイン』といった基本用語も知らない。

いきなり、一か八かだった。何しろ素人がNHKのカメラを回すのだ。一晩徹夜で練習して、扱い方や用語を覚えた。そして結果は――

「これが大成功だったんです。インタビューで『ボクが視聴者なら、ここをもう少し知りたい』って思うところをディレクターの女性に突っ込ませ、気になる景色を片っ端から撮って帰ったら、NHKの人に『いいねぇ!』ってほめられたんですよ(笑)」

彼はこう話を継ぐ。

「まぁ、今思えばムチャな話だと思いますけど……ムチャでもいいんじゃないですか? 自分で自分の能力を〝これくらいかな〟って、勝手に決める必要なんてないんですよ」

〝若気の至り〟に違いないが、何も失うものがない時期など、若気の至りでたくさんじゃないか――いずれにせよ彼は、こうして仕事を手に入れ、仲間と会社を起こす。その後、仲間に施したムチャな社員教育は、感心を通り越してユーモアすら感じるものだ。

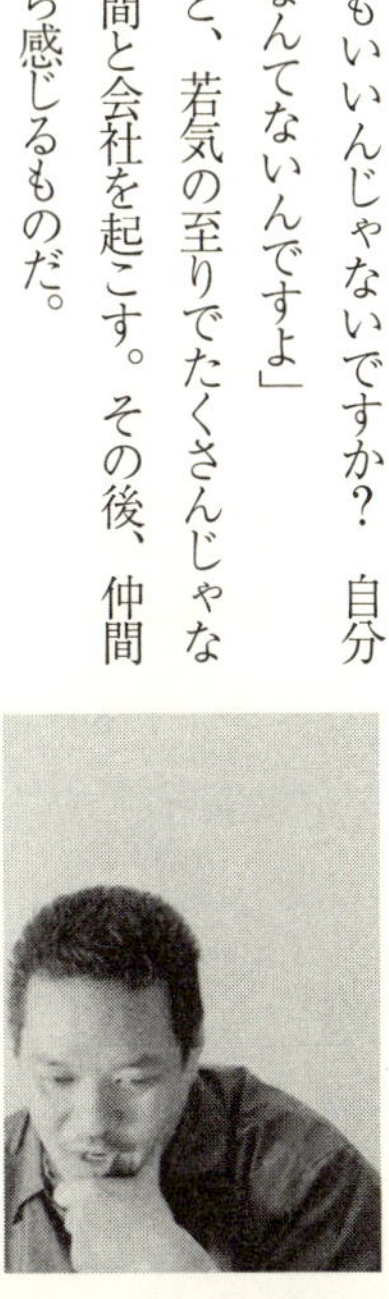

これがお金の使い方だって
人に見せたかったんです。
だってボクの人生を
見てくださいよ。

出会いが

宝、それだけじゃないですか

「まず、アルバイト情報誌の『ちょっとマスコミ』ってコーナーに載っている会社に電話しまくったんです。そして〝ウチのスタッフを使っていただけませんか？〟とお願いした」

社員教育などできるはずがない。だったら他の人にお願いすればいい、というバカバカしいほどに単純明快な理屈だ。ところが、この作戦が功を奏する。

「で、ようやく話を聞いてくれそうなところに出かけてみると、そこ大道具の会社でね、おっかねえ感じの旦那が『制作会社の研修ってのはわかるけど、どうして大道具なんだ？』って聞いてくるんですよ。とっさに『現場を陰で支える大道具さんの気持ちもわかるスタッフを育てたい』なんて話をして、まとめて雇ってもらった(笑)」

世間をナメているのか？　いや、逆に芳賀はとことん本気だった。大道具の作業はたいてい深夜にまで及ぶ。そこで彼は、昼間は自分でカメラを回し、夜は大道具の仕事を手伝うという生活を何か月も続けた。そして仲間たちは本番に立ち会いながら、横目でカメラの動きを追い、ディレクターの声に耳を澄ませた。芳賀を含め、何か雑用があるとものすごい勢いで飛んで行き、いの一番に手伝った。

「すると〝ヘンな制作会社があるぜ〟とウワサになったんです。社員が大道具から下積みしてる、夜中になると、社長まで解体の手伝いに来る。全員、いつ寝てるかもわからないのに、異常に元気だ――テレビ局のスタッフは、みんな面白がって仕事を教えてくれました。仲間は一人残らずカメラが回せるようになり、それぞれ、いろんな番組に入り込んでいった。

結局、まわりが舌を巻くほど本気でぶつかっていけば、みんな応援してくれるものなんです。逆に、もし中途半端だったら相手にもされなかったでしょうけどね」

パリダカに参戦
灼熱のアフリカで人類のために戦った

同じ〝徹底〟でも、ガキ大将に恐怖心を与えたのとは逆だ。なにしろ、一生懸命な姿がまわりにファンを増やし、彼の会社は次第に1社で番組を請け負うまでに成長していったのだ。

ところが、こうして社業が軌道に乗りはじめた矢先、芳賀はまた突拍子もないことを始める。まず、彼は大手商社から依頼され、パリ～モスクワ～北京のラリーに出場するチームのマネジメントを引き受けた。ところが、レース直前にロシアでクーデターが起こり、大会は中止。広告宣伝費として、大手商社以外の企業からも資金を集めていたのに、何も実績を残さず日本へ引き返すハメになってしまったのだ。

「翌年、別のチームをマネジメントして何とか義理だけは果たしたんですが、こういう、よそ様に顔向けできないようなことってよくないと思ったんです」

思えば経営コンサルタントといい、NHKの仕事に巡り合って、次第に放送業界へ食い込んだ経緯といい、彼の生き方は一貫したパターンを持っている。何も持っていない。どこかで何かを学んだわけでもなければ、コネクションも資金もロクにない。しかし『自分にできることは何でもしたい！』という姿勢と、若気の至り紙一重の勢いで次々と人や仕事に巡り合って行った。誰かにがっかりされる――それは何より、彼の行動規範に反していたに違いない。

3

昼間はカメラを回し、夜は大道具の手伝い。いつ寝てるかもわからないのに、すごいテンションだった。すると〝ヘンな制作会社があるぜ〟とみんなが仕事を教えてくれたんです。

もし中途半端だったら相手にもされなかったでしょうね。

そこで芳賀は、本当に突拍子もないことを思いついた。

「せっかくお世話になったんだから、感謝を込めて自費でレースに出ようと思ったんです」

ここからさらに、芳賀は常軌を逸した行動に走る。レースに出るだけでは注目も集まりにくい。何かもうひとひねりできないものか？

「そのとき、頭に浮かんだのが、当時の厚生省が進めていた『ストップエイズ・キャンペーン』だったんです。何か〝大義〟みたいなものがあると注目が集まるでしょ？　たとえばパリダカに出て、コンドームを配りながら走破したら……？　この案は行ける！　と直感しました」

すぐ厚生省へ電話を入れた。企画書を1時間で書き上げ、電話の2時間後には官僚と話し合っていた。〝しかし、よくも相手にしてくれたものですね〟と問うと、彼はこんな話をする。

「勝手に関係を決めちゃいけないんですよ。たとえば〝この人はデカイ会社の社長だから遠慮しておこう〟なんて自分で思い込むから、相手にもそこまでの人間としか思われないんです。収入も、立場も関係ない。本気だったら誰とでも堂々と人間関係を築けるはずなんです」

当たって砕けろ――尋常ではない行動力はとどまるところを知らない。厚生省から帰るとすぐ、コンサルタント時代に知り合ったコンドームメーカーの社長に電話を入れ、『11個入りのコンドームを作りませんか？』と奇妙な提案をした。

「当時、コンドームといえば12個入りのものばかりだったんですね。ところが、みんな本当に12個必要かといえば、急場しのぎに数個って場合も多いはずだ(笑)。そこで、1箱買うと自動的に1個アフリカの国に寄付される〝12―1〟のコンドームを作ろう、と話したんです」

残りの一袋には、幸運を呼ぶ占いを入れたい。誰かのために役立とうとしてる人には幸せが舞い戻る『幸運を呼ぶコンドーム』というコンセプトだった。

「社長、はじめは驚いていたんですが、次第に『面白いかも』という話になって、数か月後には『運が付く付くつくつく帽子』という名前で(笑) 商品化されたんです。品物はコンビニでも扱われ、メーカーにはマスコミの取材が殺到しましたよ。もちろん社長は大喜びで、なんとコンドームを10万個もくれました」

こうして関係者全員が喜ぶ仕組みを作り上げ、彼はお世話になった会社のロゴマークを付けたクルマを積んで意気揚々とパリダカに向かった。いったい、これは〝運命〟と呼ぶべきものなのか？ 孤独だった〝足立区最凶の男〟は、町や村に着くたび片言のフランス語で現地の人と話し、汗を流してコンドームを配って歩く大人になった。当然、時間がかかるから、毎日ほとんど徹夜で車を整備して、倒れるように仮眠をとると再びスタート。しかし、残り2日というところでエンジントラブルが起き、結果はリタイヤに終わってしまう。

ところが現地の人の協力を得て、なんとかダカールに着くと――

「主催者の好意で、ボクもゴール台にあげてもらえたんですよ。あとでまったく特例のことだって聞かされました。そりゃ、感激しましたよね」

祝福、そして賞賛……そう、人のために役立とうとする人には幸せが舞い戻るという『つくつく帽子』の売り言葉は、最初に彼自身が体感することになったのだ。もちろん、そもそもは〝ネタ〟のつもりで始めたことだったが……

「〝大義〟を打ち出すうちあとに引けなくなり、いつしか自分も信じるようになっていったのが面白かった。元は、いわゆる〝偽善〟ってやつですが(笑)、やっているうちに『後も続けて行かなくては』と思うようになったんです。同時に、こう考えるようになった。デカイ〝大義〟を本気で追いかければ、みんなが味方になってくれる。カネがほしいとか、モテたいとかじゃなくて、〝世の中のため〟って頑張れば、必ず心を揺り動かされる人間がいるんですよ」

ちなみに、現在もこの活動は『ＳａｖｅＴＨＥＡｆｒｉｃａ』という名で引き継がれ、いまだにコンドームがアフリカ諸国へ供与され続けているから凄い。芳賀はモーリタニア大使や赤十字から感謝状を受け取り、彼はちゃっかり、その後の活動を番組にもしている。

ブロードバンド放送のビジネスモデルと、その先の壮大な夢

以降、芳賀は再び制作会社の社長に戻り『人間劇場』『ニュースプラス１』をはじめ、硬派の番組をいくつも世に送り出した。会社の売り上げも伸び、社員はいつしか契約も含め１００人を超えた。こうして社業が仲間に任せられるようになると、彼はますます訳のわからない存在になっていく。企業のコンサルタントを再開し、イベントのマネジメントを引き受け始めたのはまだわかるが、脱臭剤の輸入、真珠貝の販売、といったことになると、もう何がなんだか、という感じを受ける。

だが、実は一貫しているのだ。彼はいつしか、芸能界から財界までに幅広い人脈を作っていった。何しろ、義理を果たすために自費でパリダカに参戦した人間だ。彼が何かを頼めば耳を貸してくれる人がそこらじゅうにいる。そんな彼を頼って、人がやってくる。モノが売れない、人と繋いでほしい――頼まれると、彼はアイデアと人脈を惜しげなく使い、何らかの結果を

出してみせる。しばしば事業になることも持ち込まれる。脱臭剤も真珠貝も、そんな風にして彼の社業の一部になったのだ。

しかも彼は、取材などで得た着想を元に自分で著作活動を行ない、この間に何冊か本を出しているというから凄い。

「よく『キミは何者だ?』って聞かれることがあるんですけど、ボク、この質問、ニガテなんですよ。だって、自分のことを〝物書き〟と思ったとするでしょ? その時点で、自分の可能性は物書きで終わりじゃないですか。ちなみにボク、知人に会ってほしいと言われて話を聞いたら〝実はピザ屋をやりたいから、とりあえず芳賀さんに相談したくて〟って言われたこともあるんです(笑)。これは嬉しかったな」

そして01年、彼はさらに妙なことを始める。インターネットのブロードバンドが普及し始めたことにいち早く着目し、こう考えた。サーバーに様々なコンテンツを入れておけば、誰もが好きなときに好きな番組を見られる放送局ができるじゃないか……。

普通、何かを見て楽しみたいとき、最初に思いつくのはテレビ番組だ。もちろん、それでいい。しかし世の中には、民放では放送できないほどニーズが小さいコンテンツもあるだろうし、チャンスがないから埋もれているタレントも数多くいるだろう。そんななか、もし、いつでも見られる放送があったら?

4

人間は自分が想像した以上のものになることはできないんです。だから、

肩書きなんかいらない。肩書きで自分を縛ってしまったら、それ以上にはなれないんです。

思ったときには、動いていた。

「だって面白そうだし、山ほどメリットがあるんですよ。まず、若手の教育。今みたいに大きな会社になると、ボクがカメラの動かし方を学んだような、一か八かの教育はちょっとムリだ（笑）。しかし、自社のメディアがあれば好きなものを好きなように撮って、成長するきっかけを与えることができますよね。あとは、自分の元からいろんな人間に羽ばたいてほしい、という思いです。チャンスがないから埋もれているタレントって、いっぱいいるんですよ。そんな人たちがテレビ局に行くと、また出たいあまり、敢えて自分の芸風を曲げたりしてしまう。そしてこれが、才能の芽を摘み取る瞬間でもあるんですよね」

自社で番組を作るブロードバンド放送局を作る――ウワサを聞きつけ、芳賀の前に多彩な人物が姿を現した。発表の場を求めるミュージシャン、民放ではとても話せない事実を伝えたい評論家など、まさに多士済々といった具合だ。そして『あっ！とおどろく放送局』が開業。自社ビル内にスタジオを作り、専業の社員を配置し、とくに広告も入らないなか、彼は出演者にできる限りの支援を与えた。だが、かかるお金も莫大だった。サーバーの設置など初期費用だけではない。専業の社員を置くとなれば、相当の経費も必要だ。それは芳賀いわく、まさに〝お金をドブに捨てているようなもの〟だった。しかし彼は熱く語る。

「とりあえず、目先儲からなくても別にいいじゃないですか！　いい仕事をして僕らのファンを増やせば、それは必ず、巡り巡って僕らの力になるんです！」

なかなかできない生き方を、芳賀は既に学んでいた。同時に彼は話を継ぐ。実を言うと、世の中の人に〝これがお金の使い方だ〟と見せたかったという部分もある。でっかい豪邸に住んでいる人を見ても、実はうらやましくない。事業にしたところで、カネで集めたメンバーは、結局ロクなものを作りはしない。じゃあ、何がうらやましいか？　それは、世界を少しでも笑顔で満たしていける人ですよ……。

「これ、決して綺麗事じゃないんですよ。だってボクの人生を見てくださいよ。出会いが宝、それだけじゃないですか」

まずはタレントが何人も羽ばたいていった。その後、忙しくなってからも芳賀の出演依頼は断らないし、ときには同じ事務所の大物タレントまで協力的になった。次に、テレビ局の人間まで集まるようになった。斬新な企画をネットで試し、ウケたら電波で流す、というのだ。そして何より、ファンが付いた。1日のアクセス、約50万件。それは既に、ラジオに比肩する数字だ。

ようするに、彼の〝世界征服〟は着実に進んでいる、ということでもある。

「きっと、真剣にやっていさえすれば、ボクの力で、会社が！　日本が！　世界が！　1ミリずつでも動いていくんですよ！　そしてもし、ボクの何かに心を揺り動かされた人たちが、みんな1ミリずつ世界を動かし、その彼らの影響を受けた人がまた、と続いていったら……この世界は、どれだけ素晴らしいものになるだろう！　そう思いませんか？」

5 そんな人たちと動く方が、絶対に大きな仕事ができるんです。

カネで集まった人間が作るものなどたかが知れているんです。それより、真剣に人のために役立とうとすれば、必ず心を揺り動かされる人がいる。

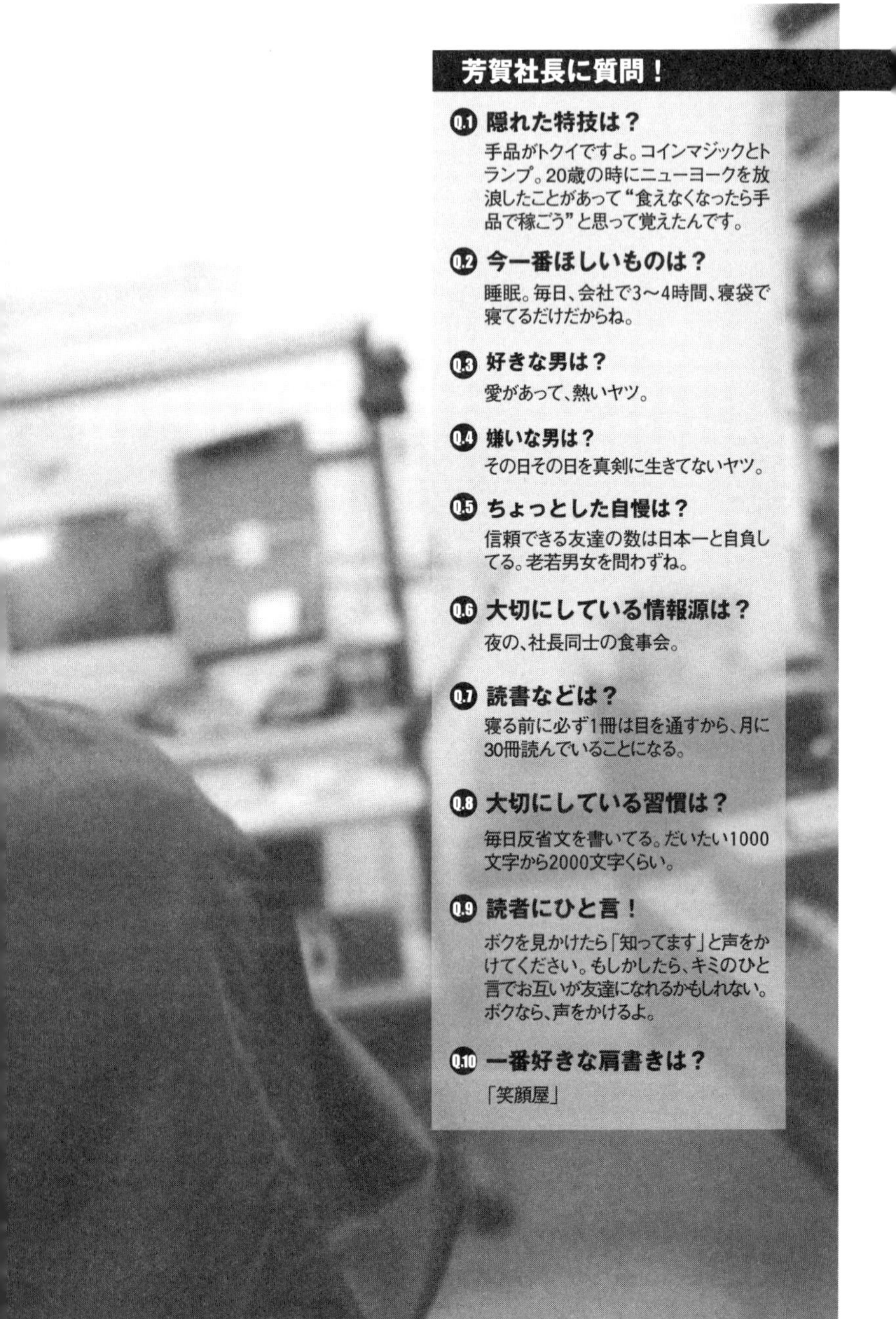

芳賀社長に質問！

Q.1 隠れた特技は？

手品がトクイですよ。コインマジックとトランプ。20歳の時にニューヨークを放浪したことがあって“食えなくなったら手品で稼ごう”と思って覚えたんです。

Q.2 今一番ほしいものは？

睡眠。毎日、会社で3〜4時間、寝袋で寝てるだけだからね。

Q.3 好きな男は？

愛があって、熱いヤツ。

Q.4 嫌いな男は？

その日その日を真剣に生きてないヤツ。

Q.5 ちょっとした自慢は？

信頼できる友達の数は日本一と自負してる。老若男女を問わずね。

Q.6 大切にしている情報源は？

夜の、社長同士の食事会。

Q.7 読書などは？

寝る前に必ず1冊は目を通すから、月に30冊読んでいることになる。

Q.8 大切にしている習慣は？

毎日反省文を書いてる。だいたい1000文字から2000文字くらい。

Q.9 読者にひと言！

ボクを見かけたら「知ってます」と声をかけてください。もしかしたら、キミのひと言でお互いが友達になれるかもしれない。ボクなら、声をかけるよ。

Q.10 一番好きな肩書きは？

「笑顔屋」

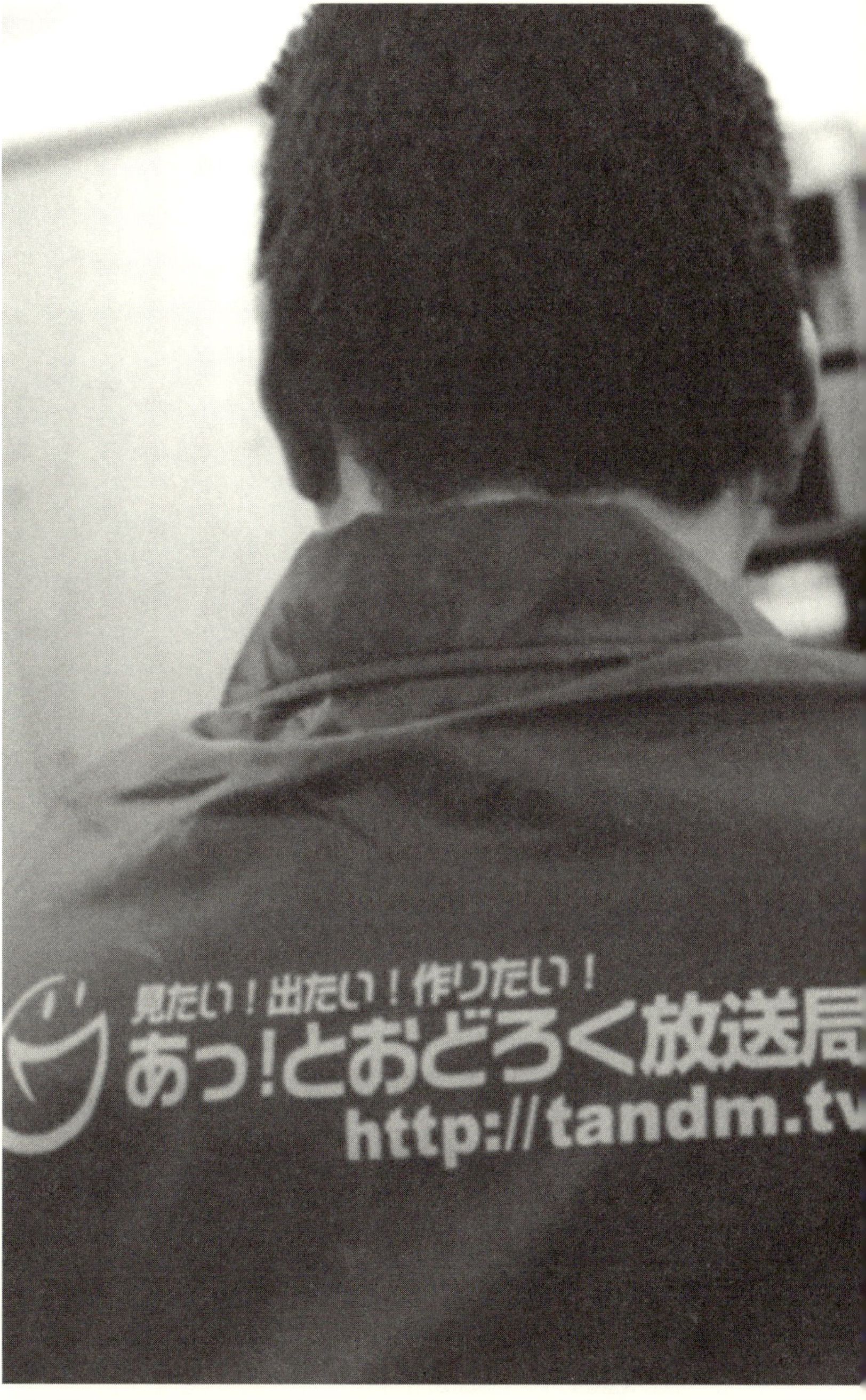
見たい！出たい！作りたい！
あっ!とおどろく放送局
http://tandm.tv

資金も、コネも、経験すらいらない。

バブル期に何千億円単位の不動産を動かし、その後破産、今は『借金王』として講演活動などに活躍する元社長に話を聞いたことがある。都内の土地を買い漁る資金をどこから調達したのか？　手法がふるっていた。

「毎朝8時55分、銀行の前でシャッター開くのを待ち構えて『おはようございます！』って大声出して前日の売り上げを預ける。雨の日も、台風の日も続けると、2～3か月経った頃に支店長がノコノコ出てきて〝資金でお困りのことがあったらいつでも言ってほしい〟って言うわけ」

数百万円の借入から始めたが、信用がつくと数億、数十億となっていった。その後、別の銀行からカネを借りるため……

「麻袋に万札詰めてドサッとカウンターに置く。で、預金したいって話しながらワザと手ェ滑らせてぶちまける。すぐ大きな資金が出てきたよ」

何もバブル期の狂乱の話がしたいわけではない。彼はこう話を継いだ。

「結局、目立ちに目立って『アイツは何者だ!?』って話になりゃ、資金もコネもなくたって、人もお金もついてくる。会社でも同じだと思うが？」

やっていることの善悪は別として、結局、資金もコネもないというのは、特にハンデではないのだろう。

芳賀正光と株式会社ティー・アンド・エムの歩み

1991年　起業と同時に社長自ら下積み開始。その後、フジテレビ『ウォンテッド』、テレビ朝日『これマジ!?』などゴールデンタイムの番組制作にも関わり始める。

1995年　パリダカに出場。ゴールもしていないのに表彰台にあげられる名誉を受ける。

2001年　『あっ!とおどろく放送局』開局。

2004年　『あっ!とおどろく放送局』で、一早くテレビ・ラジオ番組と融合。

2005年　『井の中のカワズ君』『くるくるドカン』（フジテレビ）でインターネットとの融合番組をスタート。

『あっ!とおどろく放送局』HPは　http://odoroku.tv/
『タンデム局長』を名乗る芳賀の熱い日記も読むことができる。
ちなみに『くるくるドカン』は著者も大好きな情報源。

Chapter 4

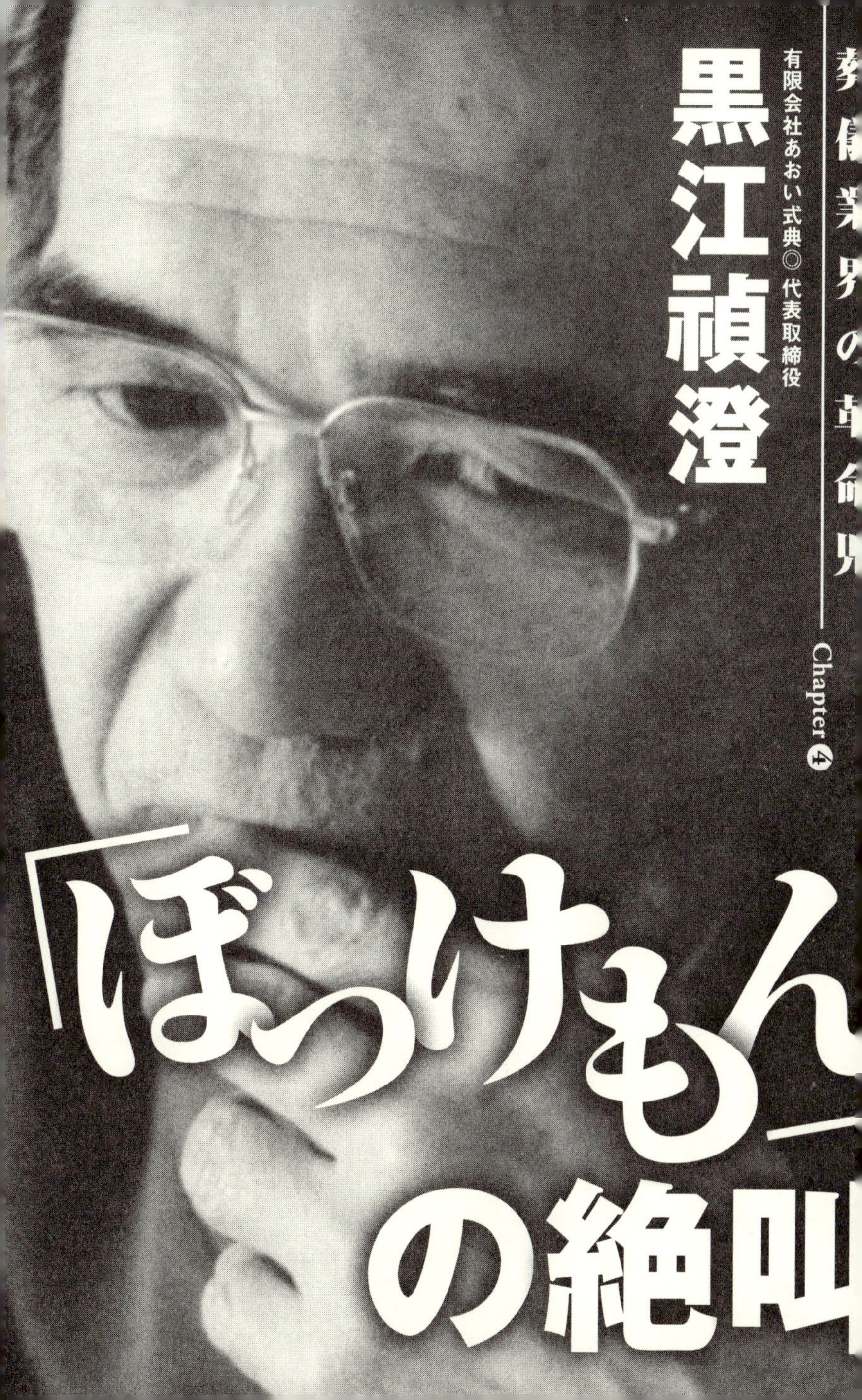

「ぼっけもん」の絶叫

黒江禎澄

葬儀業界の革命児

有限会社あおい式典◎代表取締役

店先に〝葬儀110番〟と大書された葬式屋がある。
『あおい式典』、社長の名は黒江禎澄。不明瞭な会計、病院との癒着など
とかくよからぬ噂が絶えない葬儀業界を正すべく、
54歳にして起業。単身、この業界に殴り込んだ人物だ。
その後寄せられた、同業者からの誹謗中傷や業務妨害をものともせず。
時に葬儀で号泣し、時に遺族を励まし、
〝真心〟だけを頼りにタブーと戦い続けてきた業界の異端児。
――そんな彼の生き方は、我々に何を語りかけるのか。

黒江禎澄《くろえよしずみ》の歴史

- 1943年　鹿児島県鹿児島市の裕福な家庭に生まれる。
- 1965年　医療器具販売会社を設立。西新宿にオフィスを構えるなど成功。
- 1972年　大手資本に叩き潰され、煙草も買えない苦境に。
- 1974年　ゲートボール弘済会に就職。お年寄りのまとめ役を務めながら、日本テレビ『実践ゲートボール』にも出演。
- 1994年　“クリーンな葬儀屋”の着想を得て、3日後には葬儀屋へと転職。
- 1996年　埼玉県鶴ヶ島市に『あおい式典』起業。
- 2002年　テリー伊藤の『給与明細』に出演。葬儀業界の内幕を話すと脅しの電話が殺到。その後、葬儀一式128,650円など常識離れしたプランを開始。

他の葬儀屋の見積りをボールペンで叩き、既に60歳を超えた社長が〝悔しくてたまらない〟といった表情で訴える。

「いいですか？　ここに祭壇料200万円とありますね、こんなのは使い回しもいいところで、ヘタをすれば花だって別の葬式のものを使ってますよ。こっちを見ると、亡くなった翌日の葬儀だというのに、ドライアイスが60キロとある。素人にゃわからないと思って……こんなの、1日10キロあれば充分なんです。この調子で粗利率8～9割なんて商売をして、最後にほら、40万円引きとなってるでしょ？　さんざんボッタクッてるから値引きできるんです。まったく、どこまで人をバカにすりゃ気が済むんですかね」

『あおい式典』社長、黒江禎澄。'96年に独力で起業し、埼玉県鶴ヶ島市という、池袋から電車で1時間ほどの田舎町に事務所を構えた人物だ。向かいは菜の花が咲く空き地。彼の激しい性格に比べると、なんとものどかな場所だ。

「葬儀屋と病院の癒着もひどいもんです。人が亡くなると連絡が行って、いつのまにか喪服の営業マンが来る。遺族はいろんな葬儀屋を比べる間もなく、病院に『遺体が腐敗して困りますので』と急がされ、気が動転してる隙に葬儀屋を決めさせられるんです。病院によっては〝指定業者〟なんて言うところもあるが、こんなのわかりやすく〝癒着業者〟と言えばいい！」

怒り始めると瞳が爛々と輝き、小さな事務所にダミ声が響き渡る。曰く『葬儀屋は目が腐っているから一目見ればそれとわかる』『奴らは遺族の家に上がり込んだら、まず家具を見て取れる金額を決める』――

こんな台詞を、テレビの全国放送で言い放ったからたまらない。

「テリー伊藤の深夜番組で全部言っちゃった(笑)。あの時は、放送中から事務所の電話が鳴り止まなくなって、葬儀屋からの中傷や脅しが殺到した」

翌朝には、向かいの菜の花が咲く空き地に黒塗りの車が停まり、絶えず事務所の中を伺い始めた。局側の配慮で埼玉県警が身辺警護に就く事態になった。

「葬儀業界ってのは閉鎖的な世界でね、宗教関係のしがらみもあるから、三代も四代も前から続いてるようなところが多いんだ。そんな奴らがボロい商売してることを、秘密に、秘密に、秘密にしてきたんだから、暴露されりゃ、腹も立つよな(笑)」

殺されかねない事態だったに違いないはずなのに、彼はまるで楽しい思い出を振り返るように話を継ぐ。

「怖かぁなかったかって？　いや、みんなが『これを言ったらヤバいか？』なんてことばっか考えてるから、世の中が曲がっちまうんだよ。好き勝手に、感情のまま振る舞う、それが一番わかりやすいし、心ある人には一番伝わる。即興でいいんだよ、即興で。逆に、殺されかねないことだからこそ、言う価値だってあるはずだ。違うか？」

純朴な心を剥き出しに社会の荒波へ漕ぎ出した優しい〝坊ちゃん〟

夏目漱石の小説『坊ちゃん』の冒頭ではないが、子供のときから損ばかりしてきた。祖母の切り盛りで質屋を営む、鹿児島市の飛びっきり裕福な家に生まれたが……

「金を貸す側のはずが、いつのまにか金のない側に付いちゃうんだな。霜柱が出てる寒い晩に

『金貸してくれんね』って、着物持ったおばちゃんが必死の形相で玄関を叩くだろ？　当時はテレビなんてないから、表の可哀想な話がどうしても子供の耳に入ってくる。すると黙っていられなくなって『ばあちゃん、もうちょっと貸さんね』って焚きつけたり、『足らん分はおいが出す』なんて小遣いを持ち出したり」

そんな孫を見て、祖母はただ『優しか子やねえ』と笑っていたという。果たして、孫の長所と思ったか、欠点と思ったか……どちらにせよ黒江は〝二つ子の魂〟そのまま社会に出る。上京し、医療器具の販売会社を経営、西新宿にオフィスを構え、肩で風を切っていた頃の話だ。家に帰ろうと新宿駅へ向かう途中、ホームレスの会話に鹿児島弁が混ざっているのが聞こえた。

「『わいは鹿児島の生まれかよ！』なんて言い出したのがきっかけで『オマエら、オレが保証人になるから、早よ職安行け！』なんて辻説法を始めた。そしたら、銀座で姉ちゃんと遊ぶのよりよっぽど面白くなっちゃって、毎晩、汚いコップで酒の回し飲み。気前よく『これで社会復帰せい』と金を分配したこともあったよ。そんときぁ、所持金がうまく頭数で割り切れたもんだから、自分の電車賃取っとくの忘れた(笑)。駅の交番で金借りるハメになったよ」

その後、売り上げを急激に伸ばしたのが仇となり、黒江の会社は大手資本に叩き潰される。一転、煙草も買えぬほどの苦境に陥るが、黒江の収支決算書には数字に現れない黒字があった。

「普通、文無しになりゃ、まわりから人がサーッと去っていくもんだが、オレの場合は弁護士だの、会計士だの、付き合いのあった連中がよってたかって助けてくれた。もちろん倒産は痛手だったけど『しばらく寝てりゃ風向きも変わるさ』と開き直れたのは大きかったよ。それから、毎日心を込めて生きてりゃ、文無しになっても、ムダな電気を消して、水飲んでるうちに、何か舞い込んでくるもんだとわかった」

見積りに300万円上乗せ
お金を毟《むし》られた老婆の嘆きが黒江に天啓をもたらす

金がない……黒江が改めて言うと、本当に無さそうで微笑ましい。友人の援助で悠長に構え、セリフ通りつつましい生活を送るうち、思った通り黒江のもとに働き口が舞い込んできた。

「ゲートボール弘済会って所に入って、年寄りをツアーに連れてったり、大会を運営したりする仕事を始めた。おばあちゃん子だけに、やっぱ年寄りが好きなんだろうなぁ。きっかけ？　飯田橋で鹿児島時代の知り合いにばったり会ったら、紹介してくれたんだ」

ここで黒江は10年以上、お年寄りとの日々を楽しむ。世話を焼く傍ら、日本テレビの〝実践ゲートボール〟という番組に解説者として出演、安定した地位も得ることができた。

だが、日々の暮らしに満足しても、黒江の魂は自らに安住を許さなかった。

黒江が53歳のときの話だ。ゲートボール大会の出席を取ると、常連のおばあさんが『今回は行けない』と苦しげに打ち明ける。単に〝欠席〟とすればいいだけだったが、親身に理由を尋ねてしまうあたりが、黒江のどうしようもない生き方なのだろう。

「おばあちゃん、疲れ果てた声で〝金がない〟って言うんだ。理由を聞くと『じいちゃんの葬式、300万円くらいで終わるって話だったのに600万円取られちゃった』てんだよ。『見積りはないの?』って聞くと、可哀想に『葬式出すのなんか初めてだから、何もわかんないわよ!』ってオレに怒るわけ。話し込むうち、家族が泣いてる隙にスーッと葬儀屋がやってきて、訳のわからないうちに600万円請求したいきさつがわかってきた」

おばあちゃんが涙ぐみながら『じいさんも一生懸命働き通したんだから、みっともない葬式じゃ可哀想でね』と言うのを聞き、黒江は顔も見ぬ葬儀屋に激しい憎しみを感じたという。と同時に、妙な感想を抱いた。『数時間で600万円の商談をボッとはめ込むこの業界、隙がある』

「業界全体をひっくり返せると思ったんだ。葬儀屋の〝ソ〟の字も知らないから、時間はかかるだろうが、これはオレみたいな男がやるべき仕事だ」

オレみたいな男――純粋さを持て余していた黒江にとって、安住の地を捨てるに充分なきっかけだったのだろう。電光石火の行動力だった。おばあちゃんの話を聞いた3日後には近所の葬儀屋へ就職。ゲートボール協会の仕事は全てやり残したままだったというから尋常ではない。

「まずは丁稚奉公に入って勉強だな、なんて考えながら車で走ってたら、ちょうど道すがらの葬儀屋に社員募集の張り紙が出てるじゃない。Uターンして『雇って下さい』と言いに行ったたら『先に履歴書持ってきて』と言われた。『私の顔が履歴書です』と答えたら、みんなひっくり返ってたよ(笑)」

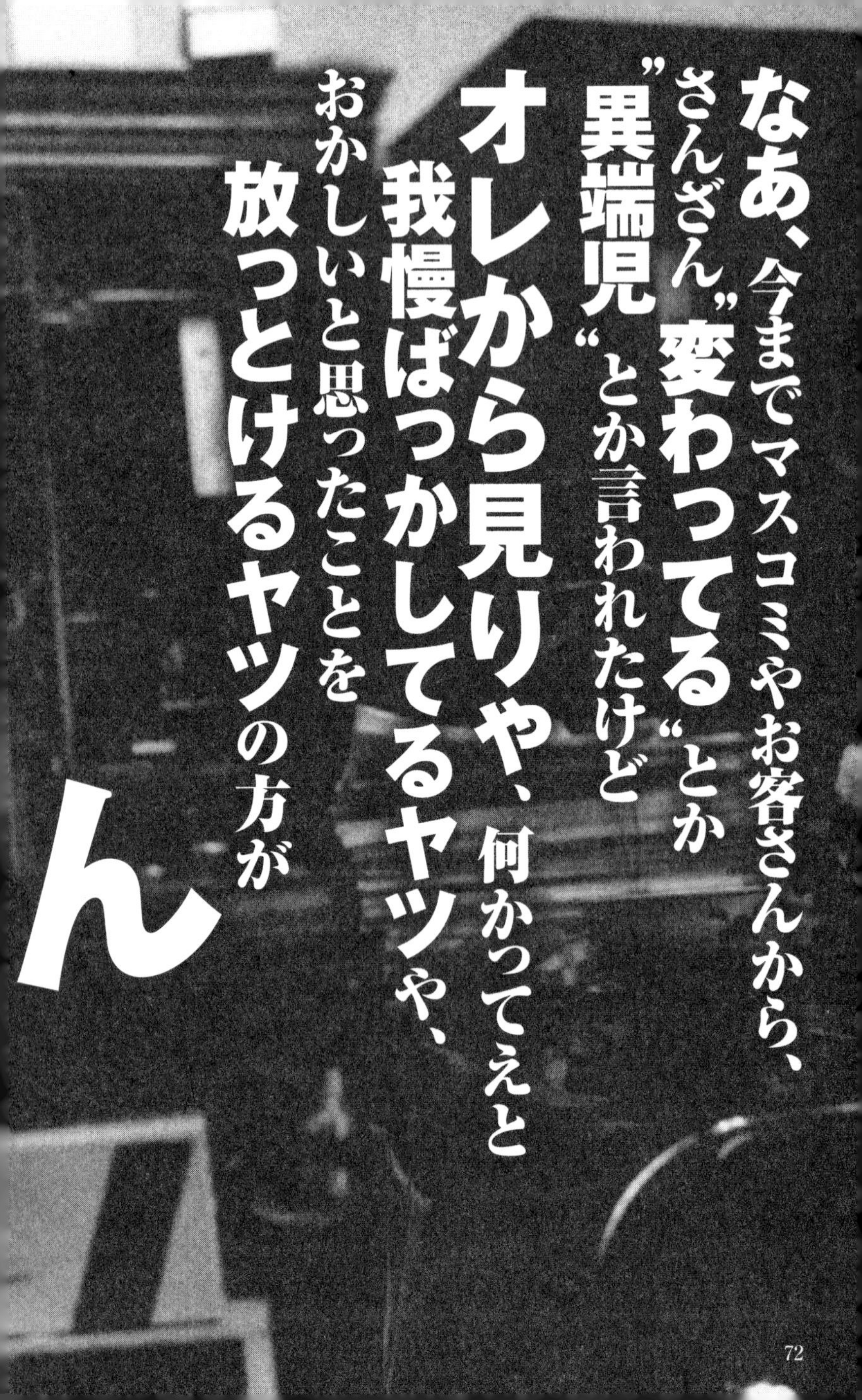

なあ、今までマスコミやお客さんから、
さんざん”変わってる“とか
”異端児“とか言われたけど
オレから見りゃ、何かってえと
我慢ばっかしてるヤツや、
おかしいと思ったことを
放っとけるヤツの方が
ん

よっぽど
変わって
だよ。

翌日、履歴書を出してみると、どういうわけか8人雇われるうちの1人に紛れ込むことができた。

いい歳こいた人間のやることじゃないよ、と笑いながら、黒江はその後の窮状を自嘲する。

「収入はガタガタに減るわ、家族に文句言われるわ、さんざんだよ（笑）。息子がちょうど大学に入った年でね、オレには一切相談なく、おじいちゃんに援護射撃を頼んでたみたいだよ」

何食わぬ顔をして葬儀の実務を学び、その傍ら、葬祭関係の書籍を片っ端から読んだ。20代の若造にこき使われても「はい、はい」と笑って聞き、葬儀のことなら何を言われても論破されないと自信が持てた頃、信用がおける人にだけ真意を打ち明けた。

1年弱の修行の後、起業。

「独立前から、今まで誰もやれなかった葬儀をやってやろうと思った。生前、バラの花が好きだったら、祭壇をバラで染め上げる。ジャズが好きな方だったなら、BGMにかけたっていい。一見大胆だけど、宗教学的には全く問題ないんだよ。祭壇の価格は50万円コースと30万円コースの2種類。これに立派な霊柩車やギフトを入れても、ほぼ100万円前後で全てが収まる」

独立直後から、周囲の紹介を通じて大きな葬儀が何件も舞い込んだ。黒江は自らの破天荒な生き方を渾身の力でぶつける。

「ムチャな葬式屋だったと思うよ。故人が九十九里の海を懐かしがってたと聞いて、スタッフに波の音を録音に行かせたことがあった。葬儀のバックで流したら、初めは雑音だと思われちゃったけど（笑）、事情を話したら遺族の方、すごく喜んでくれたよ。逆に、偉い人の葬儀に来た国土交通省のエラそうな官僚が高圧的な態度で葬儀に口を出したときぁ、相手が列席者であ

3

お客さんの前で、ワンワン泣いたって、怒鳴ったってかまわないんだ。

そこに"心"がこもってれば、何をやってもいいんだよ。 そうだろ？

るにもかかわらず、『グチャグチャ言わずプロに任せておいてください！』と一喝してやったな。こんなこと話し始めりゃ、きりがないよ」

遺体を怒鳴りつけた話は、黒江の魂そのものを語るエピソードだ。

「60歳くらいの旦那さんが、奥さんを亡くした。それがちょうど元旦だったもんだから、荼毘《だび》に付《ふ》すまで時間があったんだな。旦那さん、毎日ここへお雑煮持ってきて……なあ、なあ、って冷たくなった奥さんに声をかけながら、いつまでも撫でてたよ。奥さんのこと、ホントに好きだったんだろうな。オレたちも言葉がかけられなくてさ、夜遅くまでじっと見てるしかなかったよ」

そして4月、今度はその旦那さんが亡くなった。

「遺族から、奥さんの墓の前で電線を使って首を吊った、と連絡があったんだ。旦那さんの可哀想な姿を間近で見てるだけに、オレもスタッフも辛くてさ……寂しそうな顔した遺体が運ばれてきたときぁ、さすがにオレもワーワー泣いたよ。でも、オレはその旦那さんにひとこと言わなきゃ気が済まなかった。『ふざけんじゃない。もうすぐ孫が生まれるってのに、無責任だぞ！』と。遺族もいたけど、思わず大声で怒鳴ってしまったよ」

当時を克明に思い出したものか、涙を堪えながら黒江が言う。——そう、結局、心に勝るセオリーはないんだ。

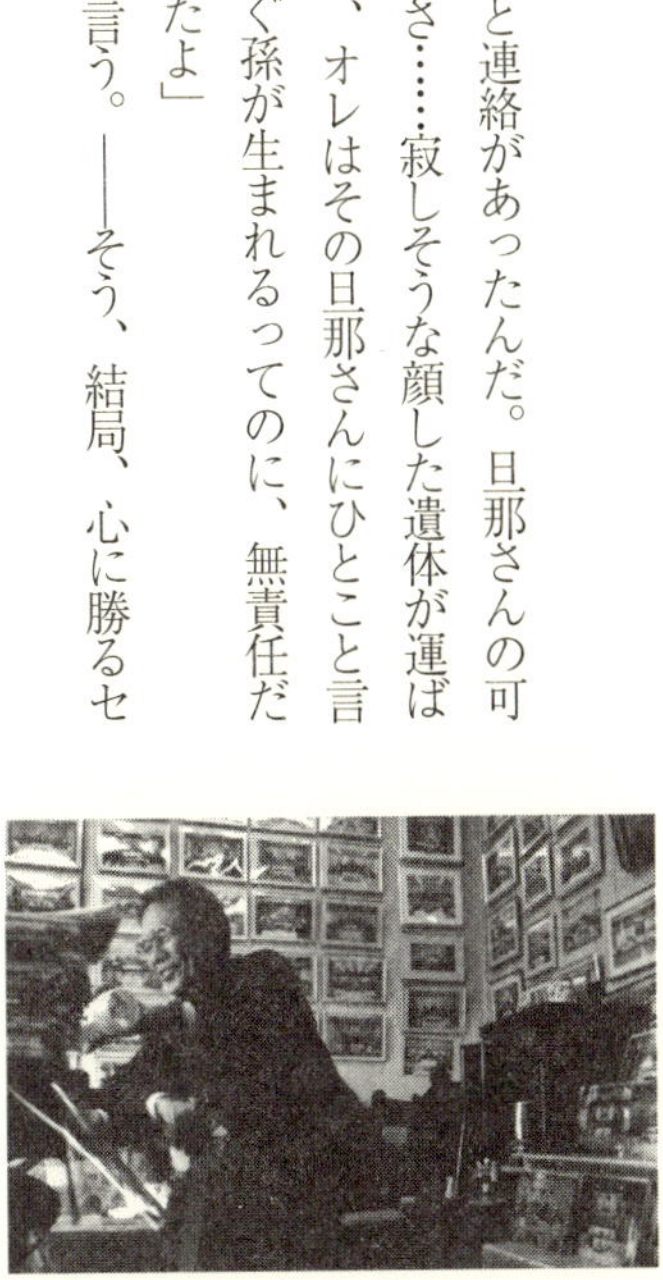

「修業時代、お釈迦様の生誕から世界三大宗教まで勉強したけど、葬儀の決まりってのは特にない。どんな花を使ってもいいし、司会者がワンワン泣いたって、怒鳴ったってかまわないんだ。そこに〝心〟がこもってれば、何をやってもいいんだよ。これ、葬儀に限った話じゃないと思うよ」

〝心〟——この一番不確かで、同時に一番手触りのあるものを武器に、黒江は商売を拡大していく。

「自殺した旦那の葬儀が終わったあと、茨城から来たって親族が『実はウチの旦那が末期癌で……埼玉からは遠いんですが、来て貰えますか?』なんて聞いてきた。こんなふうにして、ウチは葬儀のたびに、お客さんが倍々で増えていったんだ」

その後、黒江がメディアを賑わせ始めると、脅迫や抗議に紛れ込み、何とも心強い味方からの電話も舞い込むようになった。『自分も葬儀屋をやりたい』と、弟子入り志願者が殺到したのだ。フランチャイズ化し、店を一気に増やすチャンスである。ところが、黒江はあり得ない戦略を展開する。

〝葬儀110番〟を全国に広め、業界を変える〝魂のフランチャイズ〟とは——

「好きなだけ教えてやるから、勝手にやり方を盗めと言ったんだ。もちろん人を雇うわけだから、こっちにも都合がある。だが、学ぶだけ学んだら自分の好きな場所で、自分が思う通りの店を開け、とね」

ノウハウを教えるからには、暖簾分けをして上納金を貰わなければ割に合わない――それがビジネスの常道だ。なぜ、わざわざ選んでバカを見るのか。

「オレが儲けないと決めれば、より賛同者が増え、より早く全国の葬儀業界が変わるはずだ。あえて『フランチャイズでやりたい』と言った人以外、みんな独立してるよ。若者は、彼ら自身の〝心〟で渡って行けばいい。それに、みんながいろんなアレンジメントを考えれば、オレが思いつかなかった新しい葬儀のやり方も出てくるはずだ」

鹿児島弁で、不器用で度胸しかない人間のことを『ぼっけもん』と言う。

そして、彼の生き方はそんな『ぼっけもん』だけに許される浮世離れした美意識に貫かれていた。

「そもそも、こんなクソジジイが今さら金を貯めてどうすんのさ？　もう、銀座で遊んで、高い車に乗って、綺麗な姉ちゃんと遊ぶなんていうのは昔やったから、いいんだよ。ボクは葬儀屋をやってつくづく思ったことがある。あの世に、涙で送って貰えれば、人生はそれでいい。生きてる間は、曲がりなりにもメシが食えればそれでいい。本来、人間はこの世の光を浴びて、息ができるだけで幸せなんだ。欲張りはほどほどにしなきゃ」

黒江が自分の言葉に酔っているわけでないことは事実が示している。あおい式典で修行を積み、独立した若者が既に何人もおり、今も事務所の2階には修業中の若者が住み着いている。それどころか、賛同にまわった同業者に祭壇の作り方や利益率まで事細かに話して聞かせるというから、この男、どこまで『ぼっけもん』なのか……。

「でもな、目端が利くタイプの人間ってのは、最後の最後にゃダメなんだよ。そんなヤツぁ、世の中にたくさんいるしな。結局、大成するのは、不器用でも心が優しいヤツだって」

そう、葬儀の世界の価格を破壊し、そのうえ葬儀でジャズをかけたり、バラを咲かせたり……すべては根っからの『ぼっけもん』だからこそできたのかもしれない。

こうして、黒江の愚直な思いは葬儀の枠すら超えて広がって行く。'02年には、支援者の協力のもと『相続手続支援センター』を開設。相続や公的な手続きについて弁護士などに無料で相談できるシステムを作り上げた。さらに、葬儀一式を12万8650円で引き受けるサービスも開始。住民の死亡時に各市町村から10万円未満の助成金が出ることに着目したもので、孤独な老人が死んでも、親類縁者の負担なしで葬儀が催せる。

「これが儲けになるか？　いや、損することの方が多いね。この前なんか無縁仏に借金がくっついてた。葬式に借金取りが来て、とんでもない遠い親戚から、しまいにゃオレにまで『金返せ』と突っかかってくる。さんざん揉めた挙げ句、オレも葬儀代はもらわないから、オマエらも金は諦めろ、とケリをつけた」

それじゃ、まるでボランティア……と言葉を返すと、黒江が初めて吼えた。

「あのな、ボランティアじゃないんだよ。初めに言った通り、オレは即興で好き勝手に振る舞ってるだけ！　感情のままに振る舞ってただけなんだよ」

少し〝使命感〟の在所が違ったらしい。

黒江は落ち着くと再び頬を緩め、未だ語り足りぬといった表情で話を続けた。

「なあ、今までマスコミやお客さんから、さんざん〝変わってる〟とか〝異端児〟とか言われたけど――オレから見りゃ、何かってえと我慢ばっかしてるヤツや、おかしいと思ったことを放っとけるヤツの方がよっぽど変わってんだよな……」

黒江社長に質問！

Q.1 座右の銘は？

西郷隆盛の”敬天愛人”。人を愛することができない人は、何もできない。全てが人ですよ。

Q.2 宝物は？

真心だけ。真心があれば、欲張って食べ物やお金を貯める必要なんかないんだ、本当はね。

Q.3 生花祭壇のアレンジメントで印象に残っているものは？

作曲家の葬儀の時、五線譜をあしらった祭壇を作ったり……どれも忘れられないね。

Q.4 嫌がらせで記憶に残っているものは？

『プロのくせに、葬儀の途中で泣くなよ』と電話がかかってきた。『オマエの涙は干上がっとる。不幸な男だな!』と言い返し、腹立ちまぎれに思いっきり電話を投げたら、ウチの電話が壊れちゃった（笑）。

Q.5 励ましの声で嬉しかったものは？

色々あるけど、電話の向こうで、ただ泣きながら『がんばって…下さい』と言ってくれたおばちゃんがいた。そのとき、オレは幸せ者だと思ったよ。

Q.6 月々の給料は？

テレビでも見せたけど、30万円だけだよ。

Q.7 主な使い道は？

酒を飲んだり、飯を食ったり、ってなもんだ。30万円あれば、本当に充分だな。

Q.8 好きな食べ物は？

食べ物へのこだわりは全くない。そういう贅沢は、昔やったから、もう飽きちゃった（笑）。

Q.9 若い頃、モテましたか？

モテたねー。銀座を歩いてりゃ『クローちゃーん!』って女の子に声をかけられたもんだよ。

Q.10 もし、読者が弟子入りを志願に来たら？

とりあえず面接はさせてもらいたいなぁ。まずは親身に相談に乗るところから始めさせてほしい。

「ぼっけもん」の絶叫

彼の人生をここへ導いたものは、意外と『貫く』ことなのだろう、という気がした。たとえば、どれだけ優しい人間でも会社の事情などで、誰かに非情な振る舞いをしなければならないときもあるだろう。どれだけ闘志溢れる人間でも、様々な事情で牙を納めなければならないときがあるだろう。だが、黒江は自らの『ぼっけもん』としての生き方――というより『美意識』をついに貫いた。

『大いなる安らぎの心は、賞賛も中傷も気にしない人間のものである』
（ドイツの神学者、トマス・ケンピス）

逆説的だが、彼の心は、無一文になったときも、殺されそうになったときも、安らかだったのだろう。

黒江禎澄と／有限会社あおい式典の歩み

1996年　『あおい式典』開業。5人体制でスタート。初年度57件と上々の滑り出しを見せる。

1997年　2年目葬儀件数70件。生花デザインの研究にも本格着手。オリジナルの生花祭壇は数々の顧客から高い評価を得る。

2002年　マスコミで話題となり、葬儀の依頼、弟子入り志願などが殺到。

黒江は現在『相続手続支援センター』の業務にも奔走中。遺産相続からクレジットカードの解約まで、必要な手続きを教えて貰えるほか、弁護士・行政書士などに実務を格安で依頼できる。詳しくは事務局048-883-2413まで。

Chapter 5

マンガみたいな人生が送りたい

女性企業家の旗手

トレンダーズ株式会社◎代表取締役

経沢香保子

理想の仕事を求めて転職を繰り返し、
自分の力を試すために、また退社。
そして会社員時代に培ったビジネスへの感性とネットワークで、
ついに大企業と対等に渡り合うベンチャーを起業——
それがトレンダーズ・経沢香保子の略歴だ。
女性としての美しさ、経営者としての力量に加え、
最近は母親としての一面まで持つ〝女性起業家の旗手〟が、
今、その人生を語り尽くす。

経沢香保子《つねざわかほこ》の歴史

1973年　千葉県生まれ。超名門校として知られる私立桜蔭高校から慶應義塾大学経済学部に進む。

1997年　楽しめる環境を求め、リクルート入社。

1998年　「自分の成長が鈍ってきた」とエイ・ワイ・エーネットワークに転職。

1999年　深夜のメールをきっかけに、当時まだ社員十数名だった楽天へ転職。（以降の情報はインタビューページのあとに掲載）

働く〝義務〟として仕事をするのか、それとも〝権利〟として仕事をするのか？　会社員として給料をもらい、似たような結果を出したとしても、本人の捉え方ひとつで経験の質には決定的な差がつくのではないか？

「インターネットモールの『楽天』に入社して数日後でした。いきなり社長に『日経ネットナビの別冊を買い取ったんだけど、まだ企画も広告もなにもない』と言われたんです。締切までたった1週間、しかも1500万円分広告を集めないと赤字になってしまう」

今でこそすっかり超一流になった『楽天』だが、経沢が入社した当時はまだ、社員たった15人程度の企業だった。

1500万円という額は簡単に集まるものではない。しかし経沢は、この仕事を喜んで引き受ける。

「その日の夜中のうちに『アナタのお店が雑誌に！』みたいなFAXを作って『楽天』のお店に送りまくったんです。計算すると広告を1枠30万円で売れば全部で1700万円になる。社長と交渉して1枠売ると5000円の報酬を出してもらうことにして、翌朝、5人の営業マンに『先着順ですよ～』みたいな電話をかけまくってもらいました」

単純な手法だが「売れなきゃ赤字」という〝義務〟の湿っぽさとは対照的な奔放さがある。アイデアは尽きない。

何と言っても彼女の仕事は、晴れがましい〝権利〟なのだ。

「広告枠を領土みたいにしてボードに書き、1件決まるごとに『○○さん獲得！』みたいに塗りつぶした。スゴイ活気でしたよ。その一方で営業日報を作り『こう話したら買ってくれた』

という情報を毎朝まとめて共有化した。結局3日かからずに完売しましたね」

このとき、経沢が得たものはなんだったのか。

「みんなのチカラを集めれば、大変なことだってできる！　という自信です。あと――自分が作った仕事のシステムがそのまま動くのって、スゴイ快感なんだな、って思いました」

楽しそう、と入社したリクルートで植え付けられた〝競争の精神〟

経沢は千葉県の生まれだ。厳格な父の元で育ち、中学校から大学まで超が付く一流校へ通った。それだけに

「社長になろうなんて発想、まるでなかったんです。経営者って、資金があって、何か特別な能力があって、かつ、どこか脂ぎったおじさんがなるもんだと思ってました（笑）」

しかし大学4年生のとき、就職活動で選んだ会社が彼女の運命を変えていく。NTTドコモ、東京電力など国際的な一流企業から内定をもらったが、経沢は意外な会社を選ぶ。『リクルート』――若い企業だけに安定性には乏しく、労働時間が長いことでも有名だった。

「わたし本当は勉強なんか大ッキライで、運動会やサークルの方が断然楽しかったんです。だから、せめて卒業後はバリバリ働ける会社がいいと思った。リクルートを選んだ理由は単純。女性社員に話を聞いたとき、一番楽しそうに見えたんです」

しかし「楽しそう」などというセリフは就職面接の時にだけ使われる言葉であることが多い。実際に会社を選ぶとしたら、ほとんどが給料や社会的知名度といった実利的な面を優先する人

間の方が多いのではないか？

経沢は意にも介せず答える。

「そんなもんですか？　わたし、母親や教授にまでドコモや東京電力を勧められましたけど、何も迷いませんでしたね」

すぐにドタバタの毎日がはじまった。始発で会社に行って過去の企画書を読み漁り、昼は飛び込みもアリの営業。夜は毎日、終電まで企画書を書いた。しかし経沢にとって、それは初めての、心から楽しめる日々だった。

「お得意様から値引きをして仕事を受けると『安いもん売って楽しいのかよ。高いもの売ってこそ営業の醍醐味だろ？』とか言われて、上司とも毎日ケンカ。なんてステキな会社！　って思ってましたよ」

しかし経沢は、そんな自分と周囲を冷静に見ていた。よく『リクルートには負けず嫌いのDNAがある』と言われる。社内に〝この商品を一番たくさん売った〟などさまざまなタイトルが用意されており、これを奪い合うのだ。人を動かすには、非常に上手い方法と言えるだろう。みんなが勝手に競争を始めれば、会社はどんどん大きくなる。

そして、入社1年3か月後、早くも彼女に第一の転機が訪れた。

「会社の仕事に飽きちゃったんですよ。自分の成長曲線ってあるじゃないですか。それが急激

「高く売れ」とけしかけられ、同僚とは競争、上司とはケンカ。

1 なんてステキな会社！って思いましたよ。

に伸びているときこそ仕事って面白いじゃないですか？　逆に、自分の仕事ぶりが安定してきて、成長が踊り場のようなところを迎えると、すぐに〝もっと、もっと！〟と思い始めて物足りなくなってしまうんですよね」

異動を申し出たが認められず、彼女はあっさり退社してしまう。転職先は携帯ショップの運営を代行する会社だった。ほんの数か月で取引先企業の採用に関する広報、面接、入社後の研修会まで請け負うプランを作り、新規事業部を立ち上げた。しかし、ここも1年足らずで退職。

「付き合う会社がドコモや当時のJフォンなど、数社に限られたから、もっと広い世界が見たいな、と思ったんです。それに『ここだ』と思える会社も見つけましたし」

その企業こそが、まだ船出を始めたばかりの楽天だった。なにげなく手に取った雑誌『アントレ』に三木谷社長のインタビューが載っていたのだ。

「わたしはずっと『リクルートのビジネスモデルはスゴイ』と思ってたんです。たとえば求人や転職の情報誌にしても、原価はナシ。仕組みを整備して、人材を求める会社と就職したい人の橋渡しをするだけで、お金が入ってくるシステムなんです。だから『ネット最大のショッピングモール』という楽天のビジネスモデルには興奮しましたね」

経沢は決意してすぐ、午前2時半にメールで自分を売り込んだ。なんと30分後の午前3時に返事が返ってきた。

「社長と人事担当者が海外出張の飛行機の中でメールチェックしてたらしいんです。これも縁だと思いました」

だが彼女の転職は、エリートが学校の成績を伸ばすかのように、大企業、有名企業へ転職していくのとはまるっきり逆だ。職場がだんだん小さくなっていく。むしろ不良のケンカ修行に近いものなのか？　本人は笑って頷き、可笑《おか》しなエピソードを披露する。

「転職を決めたとき、母に『何でいいお給料もらってるのに〝楽天〟なんて店に』と言われたのを覚えてます。どうやら近所のパチンコ店と間違えたようで……（笑）」

楽天をも退職して起業を決意そして始まった波乱の船出

経沢の楽天での仕事ぶりは『ベンチャーのスピードを学んだ』という言葉を聞くだけで想像がつく。実績としては『楽天大学』の立ち上げが大きい。当時、出店者は楽天の営業マンの指導を受けていたが、ノウハウの蓄積もなく、指導内容も営業マンによってバラバラ。そこで出店者を対象とした有料の講義を行なうことにした。

「カリキュラム・教材の作成から講師の手配まで、全部一人で引き受けました。初年度で年商数千万円。今は億を超える売り上げがあるそうですね」

各商店の売り上げに貢献し、同時に楽天そのものの売り上げ増にも大きな影響を与えた。経沢がシステム作りの価値を再認識したのもこの時だ。優れたシステムを構築すれば、まるで蒸気機関のように、情報とお金が回り続ける！

2 わたし常に、自分の〝成長曲線〟を意識してました。

仕事が大変なときって、自分が急激に伸びているときでもある。

逆に仕事ぶりが安定してきて、成長が踊り場のようなところを迎えると、物足りなくなってしまう。

転職はケンカ修行？
そうだったかもしれない。
だって仕事ぶりが安定してくると、
もう退屈なんです。

大変な目に
あっても、
て
ないし！

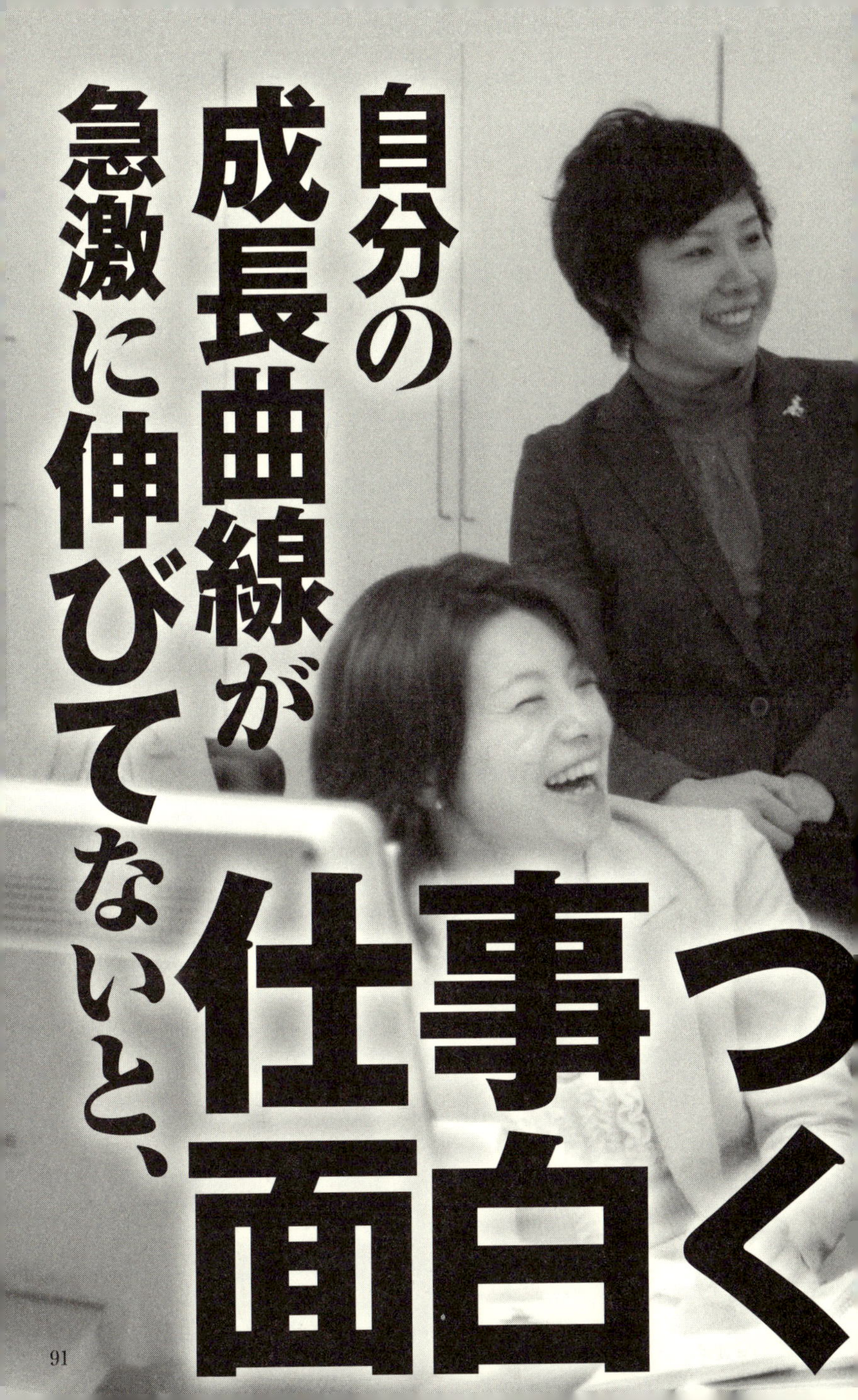

自分の成長曲線が急激に伸びてないと、
仕事っ
面白く

だが、彼女はそんな楽しい職場をあっさり退職してしまう。楽天は株式公開を前に、企業としての組織を整える必要上、財務や法知識を持つMBA（経営学修士号）ホルダーを外部から集めたのだ。

「今度も、わたしなりの理由があったんです。会社が成長していく段階に応じて、必要な人材って変わってきますよね。わたしはアイデアを出すことや、新しいことを始めるのに向いた人材ではあったけど、当時は財務や法知識はなかったから、MBAホルダーのような仕事はできなかったんです」

そこで、思い立ったら吉日、ってことで社長の携帯に電話を入れた。留学してわたしもMBAを取り、世界最強のサラリーマンになる、と決意したんです」

ところが留学の話はすぐ立ち消えになる。当時『ビットバレー』と呼ばれる渋谷発のネットビジネス企業群が騒がれていた。その集まりに参加したとき、彼女は自分と同年代の社長たちを見ることになった。これが目からウロコが落ちるような体験だった。

「彼らとわたしのあいだに、それほど大きな違いを感じなかったんです。世界最強のサラリーマンもいいけど、自分の経験を活かせば何かできるかもしれない……」

起業しようか、と初めて思った。自分の会社であれば、自分の思う通りに仕事をして、自らの思う世界を実現することもできるはずだ。〝なぜ今まで気付かなかったのだろう？〟とすら思ったという。

「これはあとで聞いた例え話なんですが――ゾウさんが、小さいときに鎖でつながれちゃうんですよ。するとゾウさんは、オトナになって鎖を引きちぎるチカラを持っているのに、鎖が届く辺りで暮らし、それが幸せだと思い込む、というんです。わたしは、今こそこの鎖を引きちぎろうと思った」

留学資金が起業資金になった。同時にここで〝経沢伝説〟とも呼べる逸話が生まれた。

「役所で会社の登記をするときって普通、何の会社か考えてから書類を書くものですが、逆でしたね。書類の業種を記入する欄を見て『そういえば何やるんだろう』なんて(笑)」

起業までの紆余曲折はあったが、それは必要な道でもあったのかもしれない。経沢は独自のビジネスモデルを自分の経験のなかに見ていた。人と人とを繋げるインフラを作り、リクルートや楽天で学んだような優れたシステムを構築したい——。そこで考え至った。

「女性をターゲットにした商品っていろいろありますよね。ところが企業のおじさま方が持っている情報と、わたしたち女性の感覚とは驚くほどのギャップがあるんです」

会社員時代、よく「女性としてどう思う?」と訊ねられた。そうだ、若い女性を組織化し、彼女たちの意見を聞くマーケティング業務をやろう!

「感度が高くて、流行に敏感な女性たち数十人、数百人に意見を聞き、アンケートに答えてもらえば、化粧品、お茶から電子機器まで、より安く、より正確に、女性をターゲットにした商品が開発できるはずなんです。今までマーケティング調査といえば、何千人に調査をして、料金も何百万というものだった。しかし、これが本当に役に立っているのか疑問でしたし」

3 鎖が届く辺りで暮らし、それが幸せだと思い込む。

ゾウさんが、小さいときに鎖でつながれちゃう。するとゾウさんは、オトナになって鎖を引きちぎるチカラを持っているのに、

100人の意見をまとめて30万円からの価格設定とした。1件の回答で、調査対象となる女性には現金500円～1000円の謝礼が支払われる。調査結果を分析してトレンド予測まで付けたレポートにまとめると、料金はおよそ60万円。

しかしその門出は順風満帆ではなかった。

「会社を始めたころは、わたしが個人的にコンサルタント業務を請け負って会社の売り上げにしていたんです。でも、新事業のマーケティング業務の立ち上げのために、これを少なくした」

ところが、商売には時間がかかる。

新事業は順調に伸びたが、はじめはスタッフの給料分程度にしかならなかった。経沢は自分自身の給料もなしで、必死に働いた。

「そのとき、スタッフの扱いを間違えちゃったんですよね。自分が必死だからって、スタッフにまで必死でやらせちゃったんです。一人辞め、また一人……最後に一人だけ残して、みんな辞めてしまいました。わたしも傷ついたけど、逆に、わかったこともありましたよ。社長は会社員感覚では勤まらない。『自分が自分が』とがんばるのも必要だけど、システムとして、多人数のチカラを無理なくまとめられてこそ経営者なんです。わたし〝経営者脳〟ってあると思うんですね。みんなのチカラをまとめて、それこそわたしが関わらなくても蒸気機関のように走り続ける優れたシステムを構築する……その視点が〝経営者脳〟だと思うんです」

仕事を通じて自分を表現する それが『社会変革』という名の夢だった

こうして1年近く試行錯誤を繰り返し、次第に電通、博報堂から久光製薬、三洋電機といった大企業と取り引きできるようになった。開業2年目に年商約1億円を達成。現在は既にその数倍の売り上げを叩き出すまでになった。同時に彼女は気付く。『シェアを奪うのではなく、独自のシェアを創り出そう！』その手法が新たなビジネスを続々と生んだ。

「ネイリストの派遣・出張サービス、お店や商品をマスコミに紹介し、取材の勧誘をするPR代行、どれも事業として順調に発展しました。共通点は人と人、情報を結び付ける、ということ。あとは消費者として『こんなサービスがあったらいい』と気付いたとき、その直感に従ったということです。ちなみに、こういうカンって、活かすほど当たってくるものなんですよ」

こうして仕事をただ楽しんでいた人物は、徐々に事業を通して社会を変えていく存在にまでなっていった。

その後、彼女はキャリアアップを目指す女性のための『女性起業塾』を開講、これを何百人単位の女性が集まる人気講座に成長させた。

さらに興味深いのは、まさに現在進めている事業だ。彼女は女性管理職、キャリアウーマン

4

『自分が自分が』と頑張っちゃダメ。"経営者脳"を鍛えて優れたシステムを構築すれば、まるで蒸気機関のように、情報とお金が回り続けるんです。

を中心とした人材紹介事業を始めた。

「実は今って、女性であることがビジネス上、有利に働く時代なんです。特に管理職に関して『このポストには絶対女性がほしい』という要望、ものすごく多いんですよ。目の付け所がい い？　嬉しいですね。でも、やっぱりビジネスって目の付け所だと思うんですよ。結局、努力するのは当たり前のこと。これに独特の視点を加えることが、自分なりの価値を生むことだと思うから」

こんな生き方を通して経沢は別の大きな宝物も手にしていた。お金でも地位でもない。

それは「子供」。

実は初産が非常に難産で、病室にネットと電話を引いてもらい、産婦人科をオフィスに出産と仕事を両立するなど苦労もしたが、彼女はこれを乗り越え、現在までに2人の子供に恵まれた。

それは決して「男に負けない」などと力んだものではない。彼女はここでも、晴れがましいまでの権利を楽しんでいるように見える。

「だって、仕事も楽しい、子育ても楽しい！　だったら何もかも楽しめばいいじゃないですか。今はわたし〝子供がいるからこれはできない〟みたいなことをどこまで無くすことができるのか、新しいスタイルを楽しんでいるところなんです。そして、社業を通して女性の起業や転職を支援し、子供がいても無理なく働ける社会を作っていきたいとも思ってるんです。だって、少子化、労働力の減少……どれも、女性がもっともっと輝けば、きっと解決する問題だし」

彼女の楽しい語りは止まらない。

「結局わたし、マンガみたいな人生でいいと思ってるんです。自分がやりたいこと、できることは何でも挑戦してみたい！　そして、たとえばキャリアウーマンが持つ〝自分の能力を開花させたい〟とか〝子育てと両立できる職場で働きたい〟といった思いをサポートすることで、みんなが幸せになるし、わたしの事業も大きくなるし、ひいては国の問題までいい方に回っていく……そんな世界を実現したい。

これってホント、楽しすぎる人生ですよね！」

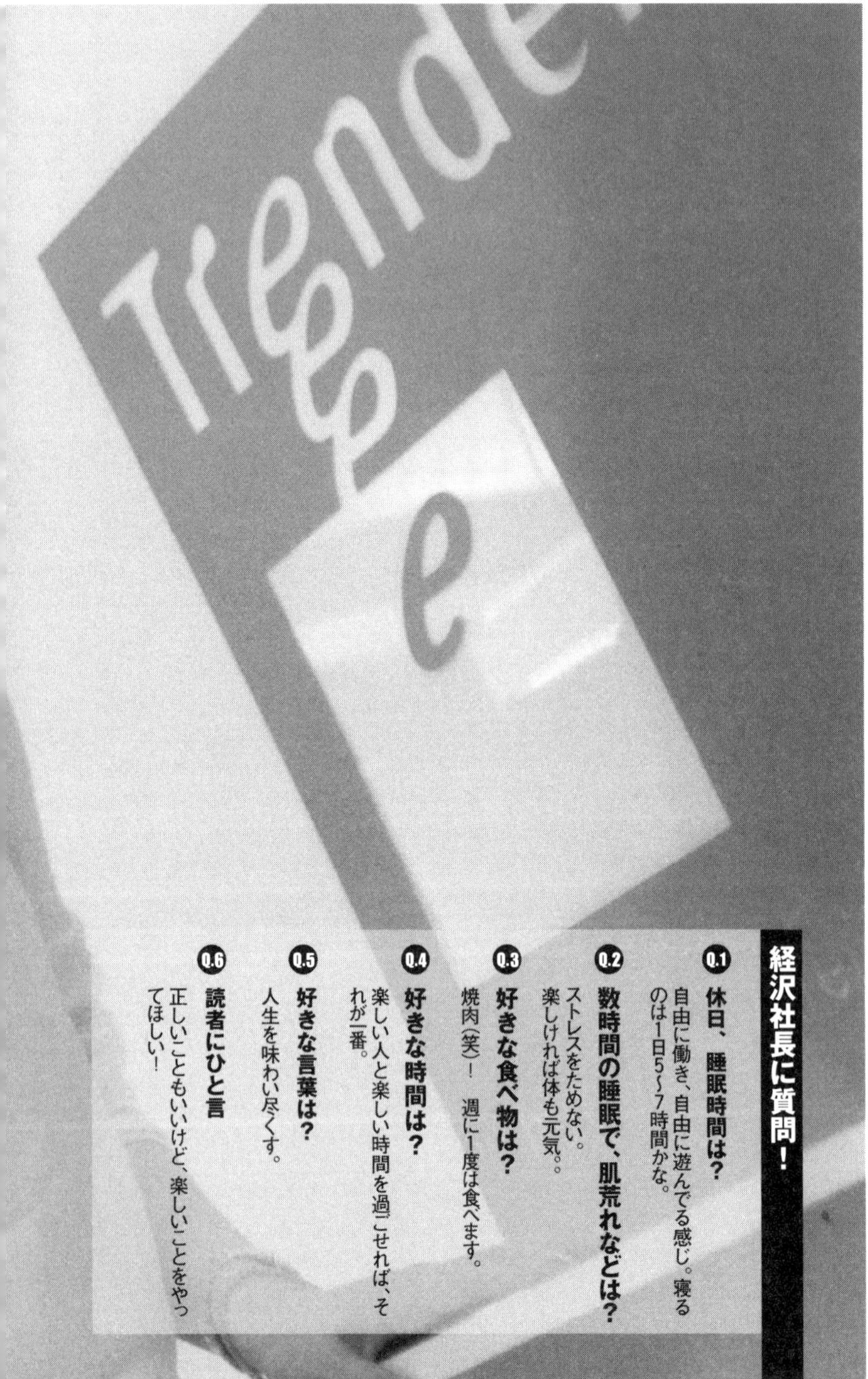

経沢社長に質問！

Q.1 休日、睡眠時間は？

自由に働き、自由に遊んでる感じ。寝るのは1日5〜7時間かな。

Q.2 数時間の睡眠で、肌荒れなどは？

ストレスをためない。楽しければ体も元気。

Q.3 好きな食べ物は？

焼肉（笑）！　週に1度は食べます。

Q.4 好きな時間は？

楽しい人と楽しい時間を過ごせれば、それが一番。

Q.5 好きな言葉は？

人生を味わい尽くす。

Q.6 読者にひと言

正しいこともいいけど、楽しいことをやってほしい！

マンガみたいな人生が送りたい

せっかくだから、女性の言葉を引きたい。「手に入れたいのはハッピーエンドじゃない。鍛え抜かれたハッピーマインドだ」（矢沢あい『ご近所物語』）。

仕事も家庭も晴れがましい権利。わたしの思いは社会のニーズ。女性管理職の斡旋事業だって〝自由にやろうよ！〟というメッセージの事業化に違いないし、女性の声専門のリサーチも〝もっといいもの作ってよ！〟という陽気な主張と重なる部分もあるだろう。

世界はわたしが作るワンダーランド。なんてハッピーな人生なんだろう！

経沢香保子と／トレンダーズ株式会社の歩み

2000年／トレンダーズ株式会社設立。オピニオンリーダー集団『トレンドリーダー』を募集し、女性に特化したマーケティングサービスを開始。

2001年／日本初のネイリスト出張サービス『エブリネイル』開始。
同年、広報リリース代行サービス『広報担当』と、女性起業家支援を目的とした『女性起業塾』開始。

2004年／第一子誕生。翌年、第二子誕生。

2005年／女性の転職を支援する『ones.be』をオープン。

経沢のブログへのリンクもあるトレンダーズホームページはhttp://www.trenders.co.jp/
著書に『自分の会社をつくるということ』(ダイヤモンド社・1300円＋税)など。

「警備業」生みの

Chapter 6

セコム株式会社◎取締役最高顧問

飯田亮

崖があっても真っ直ぐに行け

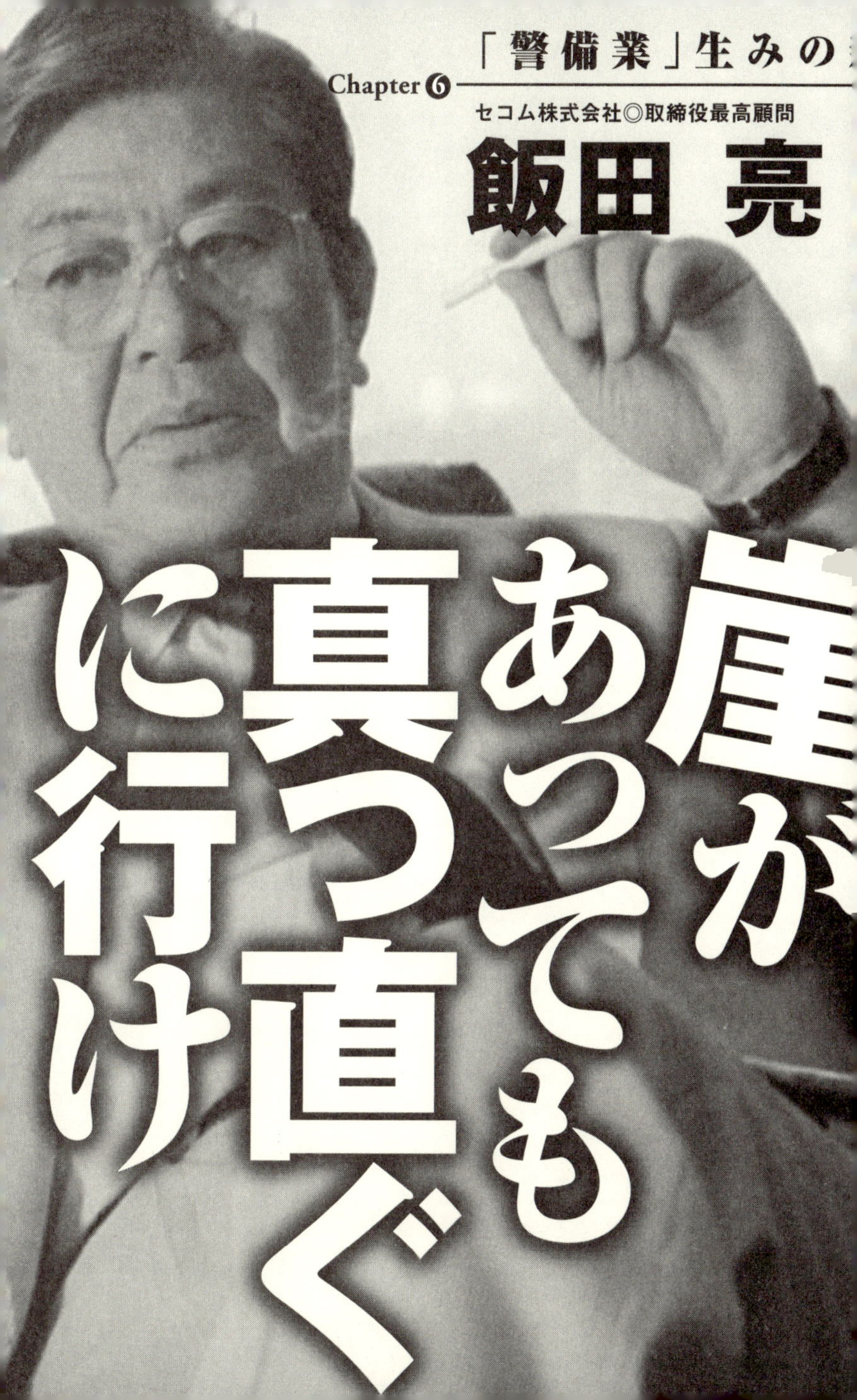

『セコム』――医療、保険、情報など100社を超える関連企業を持ち、
警備の枠を超えた『社会システム産業』の旗手として走る、
日本有数の企業集団である。だが、そんな企業も創業時には、
「安全と水はタダの日本で成功するわけがない」と周囲に猛反対され、
尊敬する父親にも『電話帳に載ってない職業などやめておけ』と言われる
逆風に立ち向かって起業されたものだった。では、周囲に見えず
彼だけに見えていたものは何だったのか？

創業者であり現在、取締役最高顧問を務める飯田亮は、
明治神宮の森を見渡せるオフィスで
その創業秘話と、若き日から胸に抱き続けてきた信念を語り始めた。

飯田《いいだ》 亮《まこと》の歴史

1933年　東京・日本橋に生まれ、その後、神奈川の湘南中学(現・湘南高校)、学習院大学政経学部を卒業。

1956年　父親が営む酒類問屋「岡永商店」に入社。

1962年　大学時代の友人、戸田寿一氏と『日本警備保障株式会社』(現・セコム)を創業。

(以降の情報はインタビューページのあとに掲載)

3か月間、売り上げはゼロだった。昭和37年、企業には宿直制度があり、店には住み込みの店員がいた。「警備を専門家に任せる」――これが常識になるとは誰も考えていなかった。ただ、飯田を除いては。

「1日15件、20件飛び込みで営業したけど『何だ、そりゃ?』とか『面白え商売だな』とか、暇つぶしのタネにされるのがオチだった。面白半分で話は聞いてくれるんだ。しかし30分も1時間も話をさせておいて、最後は『アメリカ映画の見過ぎじゃねえか?』なんて言われてしまう。労多くして実りなしとはこのことだよ。お金? 苦労したね。実家が酒屋だから、ビヤホールのタダ券をもらって、よく飲みには行ってた。ところが、つまみを頼むカネがない(笑)」

3か月目、初めて契約がとれた。麹町の旅行会社だった。飯田は苦笑交じりにこう振り返る。

「いま思えば、この会社は日本で初めてナマコを食べた、勇気がある人に似ている」

鳥鍋をつつき、熱燗をひっかけながら初めて聞いた『警備会社』という言葉

大学卒業から7年間、飯田は父親が経営する酒卸店で働いていた。昼飯を食べる時間が惜しいほど仕事が面白く、バイクに乗りながらパンやソーセージをかじった。悩みの種は、売掛金の回収がうまくいかず、貸し倒れが多かったこと。販売先の戸をたたくと夜逃げしたあと……そんな悪い夢を何度も見た。いわば、どこにでもいる、仕事熱心な29歳の青年にすぎなかった。

「ただ、独立指向は強かったな。俺は五男坊だから、このまま父の酒卸店にいても営業部長になるのが精一杯だろう。ボウリング場を開こうとか、証券会社をはじめようとか、いろんなこ

とを考えたもんだ。通信販売をやろうと決めかけたこともあったよ。

だが、きっかけは突然やってくるものなんだろう。浅草の『鳥金田』で、熱燗をひっかけながら鳥鍋をつついてあれこれ話してたんだ。そのとき『ヨーロッパには警備を専門とする会社がある』と聞いた。初めて耳にする話だったけど、その商売は、俺が今まで考えた商売とはまったくちがうと思った。その日のうちに、この仕事でいこうと決断したよ」

こうして日本で初めての警備会社が生まれることになった。だが、誰も手をつけてない商売に自信が持てたのはなぜだったのか。〝先見の明〟と言うべきものなのか？　飯田は間髪を入れずに否定する。

「違うね。逆に、俺は世の中にまだなかったから始めた。やるからには、誰かの商売にちょっと口紅をつけるだけ、なんてのじゃ面白くない。一方、初めての商売なら勝手気ままに自分でデザインできるはずだ。

あとは、この商売が社会にとって有意義だからだよ。仮に、あなたが安全を望んだとき、警備会社がなかったらどうする？　保険に入る？　それは微妙に違うよな。ようするに、豊かな社会ってのは、選択肢の多い社会なんだよ。俺が警備会社を始めれば、世の中に選択肢がひとつ増える。そういった意味でも、世の中にないことを始めるのは意義のあることだと考えた」

だが、彼がどれだけの思いを込めたところで、周囲の反応は冷たかった。友達からは『発想はいいけど、日本では通用しない』と大反対され、彼の父に至っては『電話帳に載ってない商売なんかやめとけ』と怒り出してしまった。

「親父に向かってさらに食い下がったら〝お前を酒卸店の取締役にする〟と言ってくれたこと

を覚えてるよ。しかし、後戻りする気もなく結局、家を勘当されてしまったよ。……まあ〝やめておく理由〟など、いくつでもあったろうな。しかし、そんなもの数えてたら、仕事なんて始められない。自分自身の考えで、いいと思ったらやる。それでいい。社会の通念とか、常識とか、そんなものはひとまず脇に置いておくべきなんだ」

彼の父親が懸念したとおり、世の中にない商売の前途は多難だった。しかも、飯田はあえてヨーロッパの警備会社がどう営業しているのか調べたり、日本にどれくらいのニーズがあるか調査しなかったというから驚く。

だが、彼は逆に〝そんなものは知らなくていいんだ〟と自信を持って話す。

「だって、知れば知るほど、模倣になってしまう。俺は世の中にない商売をやりたい、だから独立した。なのに外国のやり方を調べるなんてナンセンスだよ。自分の思うとおり商売をデザインしなきゃ、面白くないじゃない。知れば知るほど、独創性は失なわれるんだ。

もちろん、お手本がないからこそ苦労もした。たとえば、社員を募集するにしても、職業の名前がない。弁護士や税理士の〝士〟という文字を拝借して「警務士」という言葉を自分が編み出した。それどころか、顧客企業とどんな契約を結ぶのか、実務面でどんな警備をすればいいのか、すべてが暗中模索だったな。しかし、これでよかったんだ。効率がいい方法や、安全な警備を自分で考えた方が、人のマネをするよりずっといいものができる」

1 社会の通念とか、常識とかそんなものはひとまず脇に置いておけばいい。

やらない理由なんかいくつでもあった。でも、そんなものを数えていたら独創的な仕事なんて一生、始められない。自分の考えで、いいと思ったら、やる。

こうして、彼は1年目の決算を迎えた。売上、7万5000円。本社を月2万円ほどの安い事務所に移すことになった。

「神田のビルの屋上のさらに上、最上階でエレベーターを降りて、そこから屋外の階段を昇ったところだった。もちろん冷暖房もないから、夏になると屋上に椅子を持ち出して、裸でコーラを飲んで涼んだのを覚えてるよ(笑)。

やめる? 考えもしなかったね。自信を失ったこともなかったよ。続ければ成功。あきらめたら失敗、それだけのことだろう」

接待はしない、知り合いには売らない　苦しくても守り通した信念

飯田は諦めることなく飛び込みの営業を続けた。契約はまったく不調、しかも、彼は自分のビジネスに新しいルールを持ち込もうとしていた。酒卸店時代に何度も痛い目にあった掛け売り制(商品前渡しの後払い)を改め、3か月分の前金制としたのだ。さらに契約書の書式も改めた。優位な者が「甲」下がって「乙」となるため、通常、契約書の書式は買い手が「甲」で売り手がへりくだって「乙」と記す習慣だった。だが、飯田はこれを逆にする。まだほとんど顧客がいない自分の会社を、あえて「甲」にしたのだ。

「だって、おかしな習慣でしょ? なぜ後払いでなきゃいけないのか、なぜ自分が乙なのか誰も説明できない。多分、どこかに気の弱い商売人がいたんだよ、江戸や明治のあたりにね。そして彼の習慣が、いつしか当然のものになってしまったんだ。どうして俺がそんなものに囚わ

れなきゃいけない？　俺は俺の商習慣を作ればいい。物事には、こうしなくちゃいけない、というものはないんだ。ほかに正しいやり方があるなら、これまでの方法を変えればいい」

もちろん、面倒はあった。『どこの馬の骨かわからない若造に金の先払いなどできるか、お前たちが夜逃げしたらどうする？』と詰問されたこともある。『後払いなら契約します』と言われたこともあったが、歯ぎしりする思いで飯田の方から断った。

「銀行の支店長にセールスへ行ったときには、こう言われた。『飯田さん、3か月前金なんていうのは続かないよ。競争もあるだろうし、社会もそんなにアンタのいうことだけ飲んではくれないはずだ』と。しかし、言い返した。『これがうちの商習慣です。うちから始まり、うちが変えない限り永遠に続きます』とね。もちろん、やせ我慢だったが、我々には使命があったんだ。日本初のビジネスだけに、安易な妥協は絶対にできない。もし自分が妥協したら、今後、警備業は後払いでいい、という習慣ができてしまう」

言うならば、彼が始めたものは、警備業ではなかったのかも知れない。それは、ビジネスを通しての自己表現――。

「3か月の前金がなければ、もう少し楽に契約が取れたかも知れない。しかし、曲げなかった。それどころか僕は、知り合いには絶対に売らない、売る前には一切、接待しないと決めていた。もちろん、どうしても契約は欲しかったが、どちらも譲らなかったよ。

2 途中でやめてしまうから失敗なんだ。これだと思ったことを貫き通す それが成功だよ。

自分にやるべきことがあるのに、
もうカネはあるから、と満足してやらない。それって

成り下がりだよ。

なぜなら、真っ直ぐに行けばいい、と信じていたからだ。行く道に崖があっても、川があっても、真っ直ぐ行けばいい。川や崖の前で、回り道を探しちゃダメだ。要領よくやっていれば、面接に来た人が回れ右して帰ってしまう事務所に移ることもなかったかもしれない。しかし相手を納得させるだけの営業力がついたのも、回り道をしなかったからだしね……。ようするに、こういうことだ。〝困難〟という泥水を飲まなきゃ人も組織も成長しない。よく言われる『妥協しなきゃ世の中渡れない』なんてのは、言う人間の人生観が弱いだけなんだよ」

幹部30人全員が反対しても貫いた決断が、会社を変えていく

昭和38年、開業2年目の暮れに意外なところから大型商談が舞い込んだ。東京オリンピックの組織委員会が警備を依頼してきたのだ。彼は10か月の月賦で無線機を買い、代々木の選手村や競技施設の警備を請け負った。そこに事件が起きる。警備員が不審者と格闘し、警察に引き渡したら前科13犯と判明したのだ。以降、彼の会社は五輪による宣伝効果の追い風を受け、一気に拡大を始める。帝国ホテルや各有名デパートなど、ブランドイメージの高い企業と次々に契約。五輪の翌年には警備士をモデルにしたドラマ『ザ・ガードマン』が放映されるに至る。

そんな矢先だった。

「これまで続けてきた、警備員による巡回警備に変えてセンサーと通信回線を利用した遠隔監視のシステムへ移行させようと考えた。異常が発生していないときまで、人間が見張っている必要はないだろう」

最小の費用で最大の安全を売るためには、どうしても必要なことだった。同時に、機械ができることに人手を割くのは、人間の尊厳を損なうものだとも考えた。当時、巡回警備の契約は2000件、倍々ゲームで伸びていた。

一方、機械警備の契約は500件。しかし会社の、社会の将来を考え、昭和45年には幹部会議で巡回警備をやめ、全部機械警備に切り替えると宣言した。

「幹部はみんな青ざめたよ。30人いたけど全員が反対だった。しかし幹部に言ったんだ。『俺は〝セコムの飯田〟だ。キミたちは会社が潰れても再就職できるが、俺は死ぬしかない』とね。すべてのリスクを背負ってるんだから、自分の言うことを聞いてほしい、という意味だよ」

結局、顧客の3割に契約を打ち切られた。しかし、この決断の結果、彼はさらに大きなものを手にしてゆく。

会社が大きくなり、資金も手にしたからこそやるべきことがある——信念を巡る飯田の戦い

飯田が作った警備システムは、周囲の反対を受けただけでなく、ヨーロッパの警備会社の人間にも珍しがられるものだった。ところが、実際に稼動させてみると人間が定期的に巡回を行なうよりも効率がよく、危機への対処も素早い。当初は驚いた顧客側もセコムのシステムの優

3 あえて困難という泥水を飲まなきゃ、見えないことがあるんだ。

行く先に川があっても、崖があっても、真っ直ぐに行けばいい。

位性を認めると次々、再び契約を交わすようになってきた。

　こうして彼の会社は次の段階へと飛躍を遂げる。飯田の成功を尻目に、警備業には様々な会社が参入していた。もしセコムが旧来の警備を超えたシステムを作り上げなければ、彼の会社は多数ある会社のひとつにすぎないはずだ。だが、彼の決断が功を奏し、セコムは同業他社を遥かに上回る成長を見せたのだ。

「今、セコムのホームセキュリティは月々1万円を切る額から始められる。毎日たったコーヒー1杯のお金で安全が買えるんだ。人を派遣していたら、とてもこんな価格では収まらなかっただろう。結局は、自分の信念が社会を変える、ということだよ」

　そして、彼が周囲に止められ、ときには危ぶまれながらも始めた警備業は、次第に中小企業や一般家庭までにも裾野を広げてゆき、今や国内の重要な産業にまでなった。

　ここで彼は興味深い風景を語る。それは、彼の成功が自らのどんなところに基礎を持つかを如実に語る言葉だ。

「実はバブルの頃、不動産や株への投資話が何件も舞い込んできたんだ。しかし、企業が土地の売買を重ねて地価が高くなったら、セコムの社員を含め、国民全体が家を買えなくなって困るだろ？　俺は社会にとって有害なことと考え、財テクには目もくれなかったよ。結局、自分が貫いたのは、金を儲けようという思考ではなかった。社会をより良く変えること、そこにビジネスチャンスがあるという、ただそれだけのことだったんだ……」

　だからこそ、バブルが弾け、国内の産業が衰退期に入っても彼の躍進は止まらなかった。01年には携帯型GPS通信末端を使った警備システム『ココセコム』を開始。当初は名刺大の端末を自動車やバイクに載せたり、子供や高齢者に持たせたりして、盗難もしくは行方不明の折に通信システムで現在地を把握、緊急対処員を派遣するものだったが、現在はその利便性が広く認知され、ATMや金庫に入れたり、ペットに付けたりするなどその用途は拡大している。そして現在、セコムは公的な保険がきかない癌の自由診療費が担保される保険を販売。治療の際、国内未承認の抗ガン剤を安心して利用できるように、という発案から生まれたもので、それは国家が手をつけられない部分を草の根から変える作業といってもいい。だが、彼の躍進はいまだ留まる気配はない。今や希有な起業家として高い評価を得るに至った飯田は〝だからこそやるべきことがある〟とさらに意気揚々なのだ。

そこで、試しにこんな質問をしてみた。

あなたは、もう十分お金を稼いだはずだ。一代で日本をリードする企業を作り上げもした。なのに、さらに何かを求め続けるのは何故なのか？

ここで、彼は怒気を含んだ。聞けばそれは、彼が若き日から抱いてきた信念とはまったく逆をいく質問だったようだ。

「だって、自分がなすべき理想があるなら、反対されても、たとえ困難でも、やらなきゃいけないんだ。わかるか？　お金だとか、企業の規模なんてものは全部、自分が歩いた道のあとをついてくるものなんだよ。逆に、胸に理想はあるのに、カネがあるから安住してやらない——そんなのは、本人は成り上がったつもりでも、じつは〝成り下がり〟なんだよ」

飯田取締役最高顧問に質問！

Q.1 1日の睡眠時間は？

8時間。最低でも6時間は寝ないとダメだな。

Q.2 趣味は？

ゴルフとトローリングだね。気分転換などというものではない。スポーツをやるときは、スポーツに夢中になる。

Q.3 読書は？

小説を中心に、月5〜6冊ほど。ただし、同じ本を繰り返し読むことはないから、愛読書と呼べるものはない。

Q.4 尊敬する人物は？

たくさんいる。なかでも親父は尊敬している。

Q.5 父親の影響はどこに？

酒卸店時代、金融商品を扱って大儲けしたけど、こっぴどく叱られた。『ラクな商売はするな！』と。商売の考え方に、多くの影響を与えられた。

Q.6 好きなブランドは？

別に決めていない。ただ、ダンディーでありたいとは思っている。

Q.7 お酒は？

好きだね。よく飲むよ。人に言わせると、どうやら強いらしいね。ドライマティーニが好きだ。

Q.8 どんな会社でありたい？

いい仕事をしている会社と言われたい。

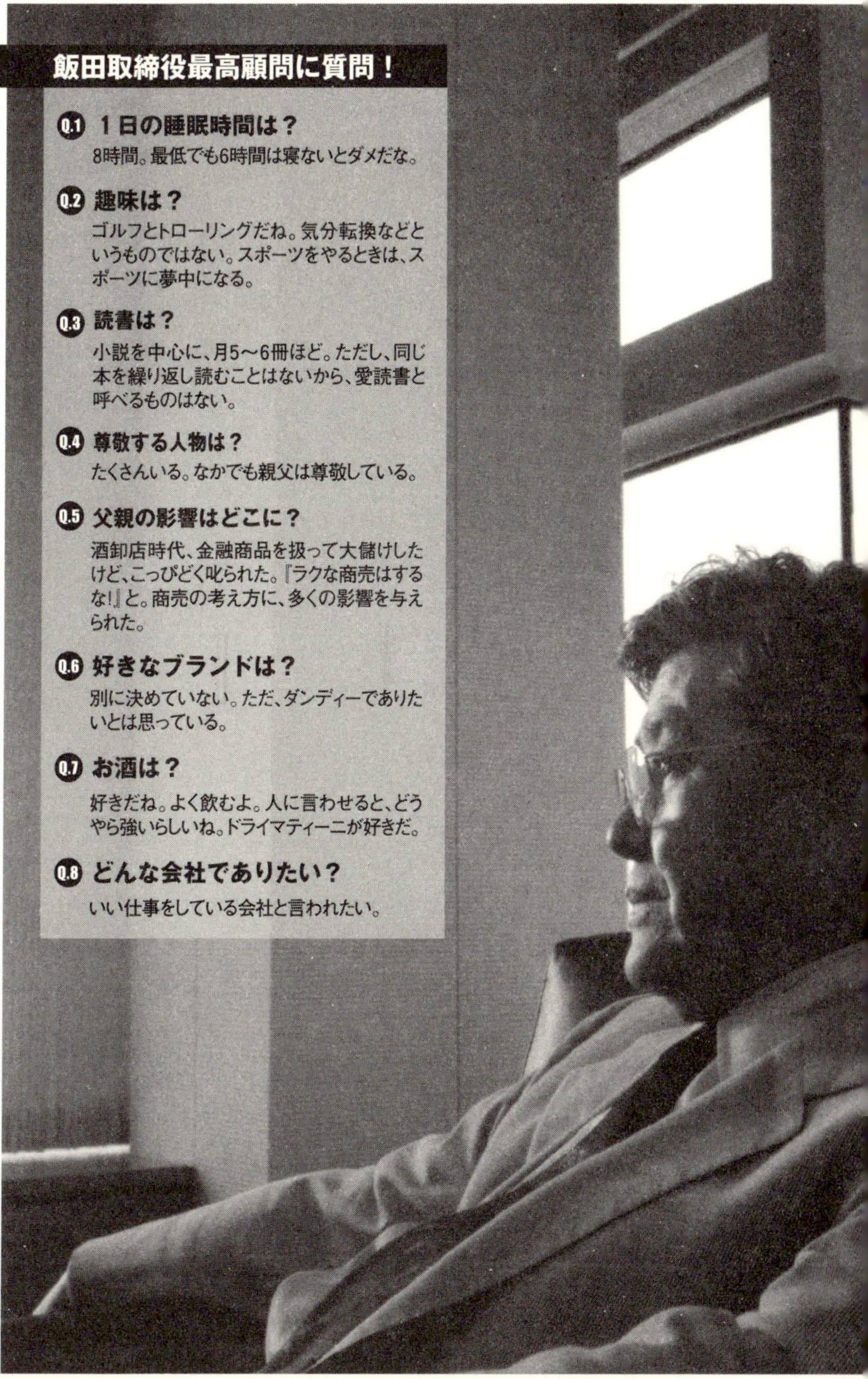

崖があっても真っ直ぐに行け

「自分がやりたいこと、自分が目指すものがあれば、たとえそれが将来的にあまり光が当たりそうではなくとも、思い切って進むべきだ」

飯田氏の言葉ではない。青色発光ダイオードを開発した中村修二氏が、その著書で語ったものだ。

新たな時代を切り開くという意味で、きっと彼らは同じ何かを見つめていたに違いない。「非常識をこそ徹底的に実践してみることだ」。これも飯田氏でなく、中村修二氏の言葉である。飯田氏は役員全員に反対された遠隔監視システムを作り出し、一方、中村氏は大企業に研究され尽くされた素材を敢えて放棄、周囲には可能性が少ないと言われた素材を研究し尽くし、自らの画期的な発明に結びつけた。何となく気になる相似形だったので、敢えて記した。

飯田 亮と／セコム株式会社の歩み

1963年　東京オリンピックの警備受託。

1964年　遠隔監視システム『SPアラームシステム』の開発に着手。翌々年、完成させる。

1969年　SPアラームが108号連続射殺事件の犯人逮捕のきっかけを作り話題に。

1973年　『セコム』誕生。翌々年、代表取締役社長から代表取締役会長に就任。

1981年　日本初の家庭向け安全システム『セコム・ホームセキュリティ』(当時の名称は『マイアラーム』)を発売。

1989年　『社会システム産業』の構築を開始。
その後、セコム医療システム、セコム損害保険などを設立し、様々な分野へ進出を始める。

子供を狙った事件などが多発するなか、セコムの使命はますます大きくなっている。
『ココセコム』など詳しい情報は　http://www.secom.co.jp/　まで。

人生って悔しさの連続でしょ？

世界を獲ったパティシエ

モンサンクレール◎オーナーパティシエ

辻口博啓

『モンサンクレール』オーナーパティシエ・辻口博啓。
親しみやすい笑顔と暖かい語り口で、テレビの世界でも
非常に人気が高い人物だ。ところが、彼の経歴は
その柔和な笑顔とまったく異なる色を持つことをご存じだろうか？
父親の破滅、そして一家離散のなか一文無しで修行を積み、
孤独のうちに過ごした若き日々……。だが、振り返って彼はこう語る。
「今はすべてに感謝しています。導いてくれてありがとう」と。

辻口博啓《つじぐちひろのぶ》の歴史

1967年　石川県七尾市に和菓子屋の長男として生まれる。

1986年　上京。田園調布の洋菓子店に飛び入りで就職。

1990年　「全国洋菓子技術コンクール」優勝。

1992年　「50周年記念全国洋菓子コンクール」総合優勝。

1994年　「コンクール・シャルル・プルースト」銀メダル受賞。

1995年　「クープ・ド・フランス　インターナショナル杯」優勝。

1996年　「ソペクサ（仏大使館主催、仏食材を使ったプロの為の仏菓子コンクール）」優勝。

1997年　「クープ・ド・モンド」アメ細工個人最高得点獲得。
（以降の情報はインタビューページのあとに掲載）

日本を代表するパティシエである。辻口博啓——97年にフランス菓子のワールドカップと言われる『クープ・ド・モンド・ドゥ・ラ・パティスリー』で個人優勝を果たすなど数々の受賞歴を持ち、東京・自由が丘の『モンサンクレール』をはじめ数多くの人気店を立ち上げた人物だ。その口調や表情をテレビ画面で知る人も多いに違いない。

ところが、意外な事実がある。彼は和菓子屋の3代目。子供の頃から父や祖父のどら焼きをおやつに育ってきた人物というから不思議だ。

ではなぜ、洋菓子に？　実はここに彼の原点があった。

「小学校3年生のときです。友達の誕生会に呼ばれて遊びに行ったら、生クリームのショートケーキが出てきた。それまでケーキと言えばバタークリームしか食べたことがなかったから『これ、おいしい！』って驚きましたね」

だが単純に〝このときから洋菓子の道を……〟という話ではない。彼はあまりのおいしさに、思わず皿に付いたクリームまでなめてしまう。そのとき、友人の母親がこう話した。

「〝辻口君の家にこんなにおいしいお菓子ないでしょう？〟って言うんです。彼女がなぜそんなことを言ったのかわからないけど、衝撃でしたね。でも、言い返せないんです。何と言っても皿までなめてたし、否定しようにも驚くほどおいしかったことは本当だから」

少年・辻口は悔しさをかみ殺して〝うん〟と答えた。間違いなく、自分のことを悪く言われるよりも辛かったはずだ。だが、大人になった彼は、その瞬間をこうも振り返る。

「否定しなくて良かったんです。腹は立ちました。当時は〝ざけんなよ！〟って思いました。でも、何か悔しいことがあったときって、人を責めず自分を責めなきゃいけないんですよ。人生って悔しいことの連続じゃないですか。――でも、それを受け留めれば進化の連続になる」

夜中に有名店のゴミ箱を漁り、素材を調べ孤独の果てに見た〝一本の流れ〟

こうして、パティシエとしての成功を夢見るようになった辻口だったが、彼にとって人生はさらに〝悔しさの連続〟であり続けた。父親が友人の借金の保証人になったが、その人物が夜逃げ。次第に辻口の父までが自暴自棄になり、ギャンブルに明け暮れるようになっていった。このとき、祖父は既に他界しており、家はみるみるうちに傾いてゆく。

彼が地元の高校を卒業したのは、ちょうどそんな折だった。パティシエを目指すにも、専門学校に通うお金などあるはずもない。そこで彼はコンクリート工場で働き、布団を買うお金だけ持って上京した。

彼の短い述懐に当時の思いが香る。

「簡単に言えば、この世の中に、自分が存在する場所すらなかったってことですね」

何もない――それは極限のロマンティシズムだ。なんとか田園調布の洋菓子店に働き口が決まった。給料は月に4万5000円。寮費として1万5000円払い、1万円貯金すると、自分で使えるのは月に2万円だけだった。高度経済成長前のような金額だが、辻口は笑って〝本当に有り難かったですね〟と振り返る。

このあたりの生来の明るさが、彼をテレビの人気者にしている部分でもあるのだろう。だが、運命はそんな辻口をさらに追い詰めていく。

1 その意味さえわからなかった。

もう辞めたい――一度も考えなかったし、

「働き始めて3か月目に実家の母から電話があって『すぐに戻って来てほしい』と言うんです。何かと思ったら、ついに父が失踪したと言う。家に戻ると、母が既にボクの働き口を見つけていて、あとは面接試験を受けるだけ、という状況だったんですよ」

実家には、まだ働けない年齢の弟と妹がいた。だが、彼は母の話を断る。その理由に、最近大安売りで使われている『夢』という言葉を実現する人物が、どんな思いでことに当たっているかが滲み出る。

「苦境に耐えたとか、そういうのとはちょっと違うんです。どちらかと言えば、ボクには『辞める』ってことがどういうことなのか分からなかったんですよ。フランス菓子を極めて、自分の店を出す。ボクにこれ以外の人生なんか、ないんです」

一見わかりにくいが、噛み締めれば噛み締めるほど深い言葉だ。自分が何のために生きているのか、その意味がわかる人間など誰もいない。だが確実に言えることは、根拠などあろうがなかろうが、その答えを出した者がそれなりの人生を歩む、ということだ。しかも、彼の思いは「決める」「思う」「考える」といった意志の範疇ではなく「信じる」「念じる」といった範疇に入ることのように見える。

いずれにせよ、彼は家族に〝3年で一人前になるから〟と話して再び上京した。ここまで深い思いがあれば、その後の行動が並大抵でないのも理解できるというものだ。

とにかく群れないこと

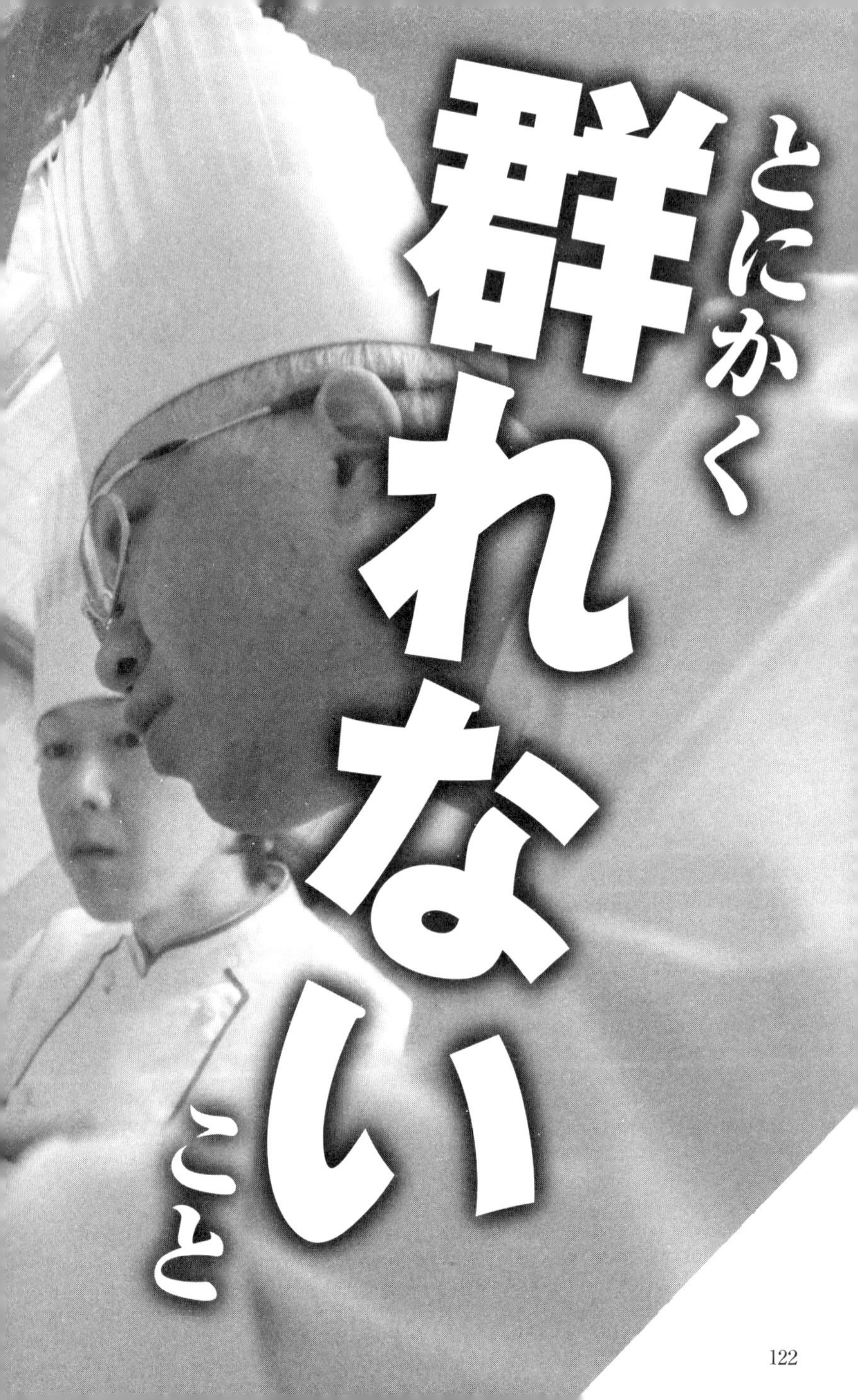

群れている人間が
突出する
ことなど、
有り得ない。

「休みをもらうたび、必ずお菓子屋さん巡りをしていました。どういうスイーツがあって、何が売れ、どんな見せ方をしているのか……。ほかにも、接客は？　ライティングは？　陳列は？　店員のユニフォームは？　男女比は？　すべて細かくデータをとってました」

数々の伝説が残る。まずは『和光のトイレ』。

「銀座の有名店でスイーツを買うでしょ？　でも、持ち帰ると微妙に味が変わってしまうんです。かといって、お金を払わずに落ち着いて食べられる場所なんかないから、いつも銀座『和光』の最上階のトイレで食べてた。集中できるし、口もすすげるし、何千万円もする宝石を売ってるフロアだから、混むような場所じゃない。妙な話と思うかもしれないけど、自分が探したなかで最高の環境がそこだったんだから仕方ないよね(笑)」

次の伝説はこうだ。

「有名店がどんな素材を使っているか知りたくても、教えてくれるわけないじゃないですか。そこで、夜中に行って店のゴミ箱を漁った。アーモンドはどこの？　卵はどこの？　ってね。そして寮に帰ると、朝方まで厨房に入って、得たヒントを元にスイーツを作るんです」

睡眠時間は毎日4～5時間。朝から夕方までは店で働き、仕事が終わると独り黙々と厨房で研究に励んだ。休日には仲間から競馬やパチンコに誘われたが、すべて断った。20歳前後と言えば、一番遊びたい時代でもあると思うのだが……彼はこんな話をする。

「正直、職場で競馬がどうとかパチンコがどうって盛り上がっている人たちを見て『この人たち、何のために生きてるんだろう？』と思ってました。いえ、実はボク、何年かあとパチンコをやったんです。勤めてたお店を上と対立して飛び出したときにね。ハッキリ言って、ものすごく面白かった。今でもあのときのエキサイトジャック18連チャンが忘れられない（笑）。でも、やっぱり遊んでるヒマなんかないんですよ。だって最終的には、1日24時間をどう過ごすかで、天と地ほどの差が生まれるわけだから」

ただ、彼の話を詳しく聞くと、それは『熱心に働け』ということとはまったく別問題だとわかる。彼は話す。『結局、僕が言いたいのは、群れるな、ってことなんです』と。

「〝一流〟って言葉があるでしょ？　これ、読んで字のごとく一本の流れなんです。そして、群れている人間が淀みながら一本の流れになることなどない」

どういう意味なのか？

「ようするに、群れてる人間って、職場でも『アイツがこれくらい働いてるなら、オレもこれくらい』とか、他人を物差しにして自分を計りますよね。我々の業界だって、上手と言われている人とだいたい同じものが作れれば、少なくともメシは喰って行ける。しかし、そんな人間が突出することなんて有り得ないでしょ？」

彼の探求心は、それこそ〝常軌を逸した〟ものだった。だが〝常軌〟などに乗っかっていては行き着く場所も知れている、ということなのだろう。

「逆に〝一流〟と言われる人物は、自分だけの高みを目指してますよね。周りの人間なんか見てない。人との比較もしない。ボク、こう思うんです。〝しがらみ〟って言葉あるでしょ？　あ

2 〝一流〟とは、読んで字のごとく一本の流れ。群れている人間が、淀みながら一本の流れになることなどない。

れって仲が悪いことじゃなくて、自分を安心させてくれる人間関係を指すんですよ」

こんな人物が小さな世界で留まっているはずがなかった。そして90年、彼は史上最年少で「全国洋菓子技術コンクール」優勝を果たす。

「群れるなってことは同時に、もっと欲を持ってほしい、ということでもありますよね。実を言うとボク、初めの3年間、仕事でクリームやスポンジを触る機会ってあまりなかったんです。ずっと洗い物や、掃除ばかりしてました(笑)。そんななか、辞めていった人もたくさんいたけど――ボクは〝こんなところにいる人間じゃない〟くらいに思ってた。常に自分を追い込み、自分のなかで答えを出していた。」

自分を研ぎ澄ませること
そして破壊の向こうに見える新たな道

その後、彼は高級ホテルやフランスの有名店へと働く場所を変え、世界一への道を歩んでいく。先の受賞から4年を経た94年には「コンクール・シャルル・ブルースト」銀メダルで世界大会初受賞。そこから「クープ・ド・フランス　インターナショナル杯」優勝などを経て、97年の「クープ・ド・モンド」アメ細工部門個人優勝へと向かっていく。

だがここでは、その道程を詳しく追うより、彼が話す〝創造とは何か?〟という問題に焦点を当てたい。なぜなら彼のここからは単なる〝努力〟といった範疇ではなく芸術論に近いからだ。

会話は禅問答のような言葉で綴られていく。

「よく『どうやって新しいレシピを作るのか?』といったことを聞かれるんですが、結局、何

3 レシピなどいらない。何かを創造するってことは、何かを破壊することと同じだから。

かを創造するってことは、何かを破壊することと同じなんですよ。たとえば、ケーキのスポンジを１８０度で焼くのが常識だとするでしょ？　だったら、これを敢えて１２０度で焼いてみなければ、１８０度で焼く理由なんてわからないんです。今までの前提となっているものを壊さないと何も生まれない。だからボクは、レシピを作り上げたとしても『できた』と思った瞬間、もうそれを壊すことを考えています」

それは、彼が何度も言ってきた〝群れない〟ことの応用問題でもあるだろう。創造とは、決まったやり方がないことを意識することであり、同時に、現在信じられている何かを否定することにも違いないのだ。ちなみに彼は、自分のレシピを惜しげもなく公開してしまう。その理由も〝できたものを守っているようでは、進化がない〟という気持ちに由来するものらしい。

だが、これを実践するためには、努力よりも、強い意志よりも『何をもっておいしいとするか』『何を美しいと思うのか』を自ら決める感性が必要なはずだ。聞くと、彼はこう答える。

「そこが、自分を研ぎ澄ませていくしか磨きようのないところなんです。たとえばボク、美術館に行くと、このシャガールの淡い青と赤にはどんな意味があるんだろう？　といったことを真剣に考えるんです。するとスイーツを作っているとき――意識することもあれば、しないこともあるけど――自分が生きてきたなかで感じてきた何かが、確実に自分の作るものに影響を与えてくれる。感性ってきっと、そういうものだと思うんです」

『心の泉』辻口博啓美術館
『ル　ミュゼ　ドゥ　アッシュ』蔵。

それは人生の大きな問題と重なるようにも思える。何かに上達していく過程は、誰かに教わることもできるだろう。だが、その腕前を使って自分が何を現実のものにするかは、最終的に自分しかわからない。彼は話を継ぐ。

「別に『美術を見よう！』って話じゃないんですよ。たとえば、春の木漏れ日でもいい。（机の端を叩き、コツンと音を立て）痛みだっていい。こういうふうに人間が何かを感じたり、見たりすることって、すごいことなんですよ。そしていろんなものを真剣に見たり感じたりしたなかで、自分が心を揺り動かされるものを作れば、人生はそれでいい」

難解な世界だが、彼の次なる言葉を聞くと、その意味が朧気《おぼろげ》に見えてくる。

「なのにみんな、自分の感性とか、自分の心の震えをあまり大事にしてないように見えるんです。たとえば日本史の授業って人物名や年号を一方的に覚えさせられるばかりですよね。でも本当に大事なのって、どんな腐敗が政権を滅ぼし、どんな生き方をした人が新しい世界を作ったかといった、ものを見る感性を養うことじゃないですか。なのに『いい国作ろう鎌倉幕府』でしょ？　こんなものじゃ興味が湧くわけないし、何が人の道に反しているか、自分が社会のために何をすべきか、なんてことも考えるわけがない。こうして、自分の感性をおろそかにするクセがついてしまうんです。教育が悪いんですよ。そして、こんな不毛な競争で認められた人間が同じような教育の再生産をするんだから、もうどうしようもないですよね」

彼の話を聞くと、それは『一個の生命体に還れ』という話にも聞こえる。きっと人間は何を持つかではなく〝どう在るか〟が最も大事な問題なのだ。そして純粋な気持ちで心を揺り動かされる何かに向かっていけば、人生は悔しさの連続から創造の連続へと変わっていく——。

誰も辿り着けなかった高み それは「和菓子への開眼」

そして98年、辻口は念願だった自分の店をオープンする。東京・自由が丘『パティスリーモンサンクレール』。この店が、駅からかなり離れているにもかかわらず話題の店になっていくまでに時間はかからなかった。東京に着いたとき布団を買うお金しか持っていなかった少年がついにその居場所を見つけた……その過程はまさに、何も持たない者が、自分の在り方だけを武器に次々と道を切り開いてきた過程でもあるはずだ。そして彼は腕を見込まれ『料理の鉄人』に出演、難なく鉄人を破って自身の名をも高めていった。

だが、彼は話す。すべては〝通過点にすぎない〟と。

「だって、そうでしょ？　別にボクは世界大会で優勝したからって、それが誰にとって何だって言うんです？　ボクはこれからも、自分のスタイルで、価値のある何かを創造し続けていく、それ以外にないじゃないですか？」

それは自分の実績でも前例でもなく、今までもこれからも自分の在り方だけで世に挑み続けようとする姿勢が言わせる言葉に違いない。相当に骨が折れる生き方だろうが、これを貫いたからこそ実現できたこともある。辻口はショコラの専門店など、続々と新たなジャンルの店をオープンさせる傍ら、04年に『和楽紅屋』をオープン。くるみを黒糖ヌガーでからめた

4 もっと感性を大事にしてほしい。

たとえば日本史の授業で一番大事なのって、どんな腐敗が政権を滅ぼし、どんな生き方をした人が新しい世界を作ったか、といった、ものを見る感性を養うことじゃないですか。なのに『いい国作ろう鎌倉幕府』じゃどうしようもない。

もなか、お米の粉を使ったケーキなど、和菓子と洋菓子の世界観を融合させた商品が並ぶ店だ。

ちなみに『紅屋』とは、彼の祖父、父が継いできた屋号でもある。

「フランス菓子って基本的に空気を入れるスイーツなんです。一方、和菓子は空気を抜いていくものなんですよ。そんな違いはあるけど、フランス菓子の感覚を取り入れた和菓子って、ボクにしかできないものでしょ？　カシスとショコラが入っている水まんじゅうなんて、誰も創造しなかったじゃないですか。今までにないものでいい。あるべき姿は自分で作り出せばいいんです」

それこそモンサンクレールで得た名声を使って商売をすればいいはずなのに、こうした新たな挑戦をしてしまうところが〝一流〟のやり方でもあるのだろう。

そして06年、彼の世界はさらに広がっていく。故郷・石川にスイーツのミュージアム『ルミュゼ　ドゥ　アッシュ』をオープン。微妙な陰影を映し出す飴細工の美術品などを展示し、ついに彼はアートの世界にまで進出していく。

最後に聞いた。もしやあなたは、自分の思い出の中にあるいろいろな面影――たとえば友人の母、失踪した父、クリームをいじらせてくれなかった先輩――に何かを伝えたくてここまでの活動を続けているのではないか？

彼はじっと考え、笑って答える。

「特に意識してるわけでもないけど、もしかしたら、そんな一面があるのかもしれませんね。でも、決してそれは、暗い何かじゃないんですよ。

だってボクは、悔しかった何かに感謝していますからね。導いてくれて有り難う、って」

辻口博啓氏に質問！

Q.1 睡眠時間は今でも短い？

そうですね（笑）。2時に寝て6時には起きます。

Q.2 集中するときに必要なことは？

今でも、誰にも連絡先を教えず、一人でこもる時間を持ってます。

Q.3 好きな本は？

谷崎潤一郎の『陰翳礼讃』です。でも、最近はとにかく忙しくて、あまり読んでいませんが。

Q.4 最近、挑戦していることは？

アンチエイジングの効果があるスイーツを作ろうとしてます。将来的には、体にいいスイーツを作りたいですね。

Q.5 落ち込むときとか、ないんですか？

悩む時間ってもったいないでしょ？　ボクは、悩んだり落ち込んだりするより先に動いた方がいいと思ってます。考えるけど、落ち込まない、といったところですね。

Q.6 読者に一言！

繰り返しになりますが、群れないこと、ですね。

人生って悔しさの連続でしょ？

学生の頃に読んだ本を思い出した。モンテーニュの『随想録』。いわく「運命は我々に幸福も不幸も与えない。ただその素材と種子を提供するだけだ」という。

最後に、アインシュタインの短い言葉を引きたい。

「成功者になろうとするのではなく、価値のある人間になろうとしなさい」

敵も、味方も、すべて自分のなかに在る。

辻口博啓の歩み

1998年　自由が丘に「モンサンクレール」オープン。

2002年　同じく自由が丘に「自由が丘ロール屋」オープン。

2003年　六本木ヒルズに「ル　ショコラ　ドゥ　アッシュ」オープン。

2004年　玉川髙島屋に「和楽紅屋」オープン（翌年にはecute品川内にも）。

2005年　世田谷区駒沢にブーランジェリー・パティスリー「マリアージュ　ドゥ　ファリーヌ」とコンフィチュール専門店「コンフィチュール　アッシュ」をオープン。

2006年　石川県和倉温泉 辻口博啓美術館『ル　ミュゼ　ドゥ　アッシュ』開館。

辻口の“作品”が食べられるパティスリー『モンサンクレール』は　http://www.ms-clair.co.jp/
和菓子とフランス菓子を融合させた、世界に二つとない品は『和楽紅屋』　http://www.waraku-beniya.jp/

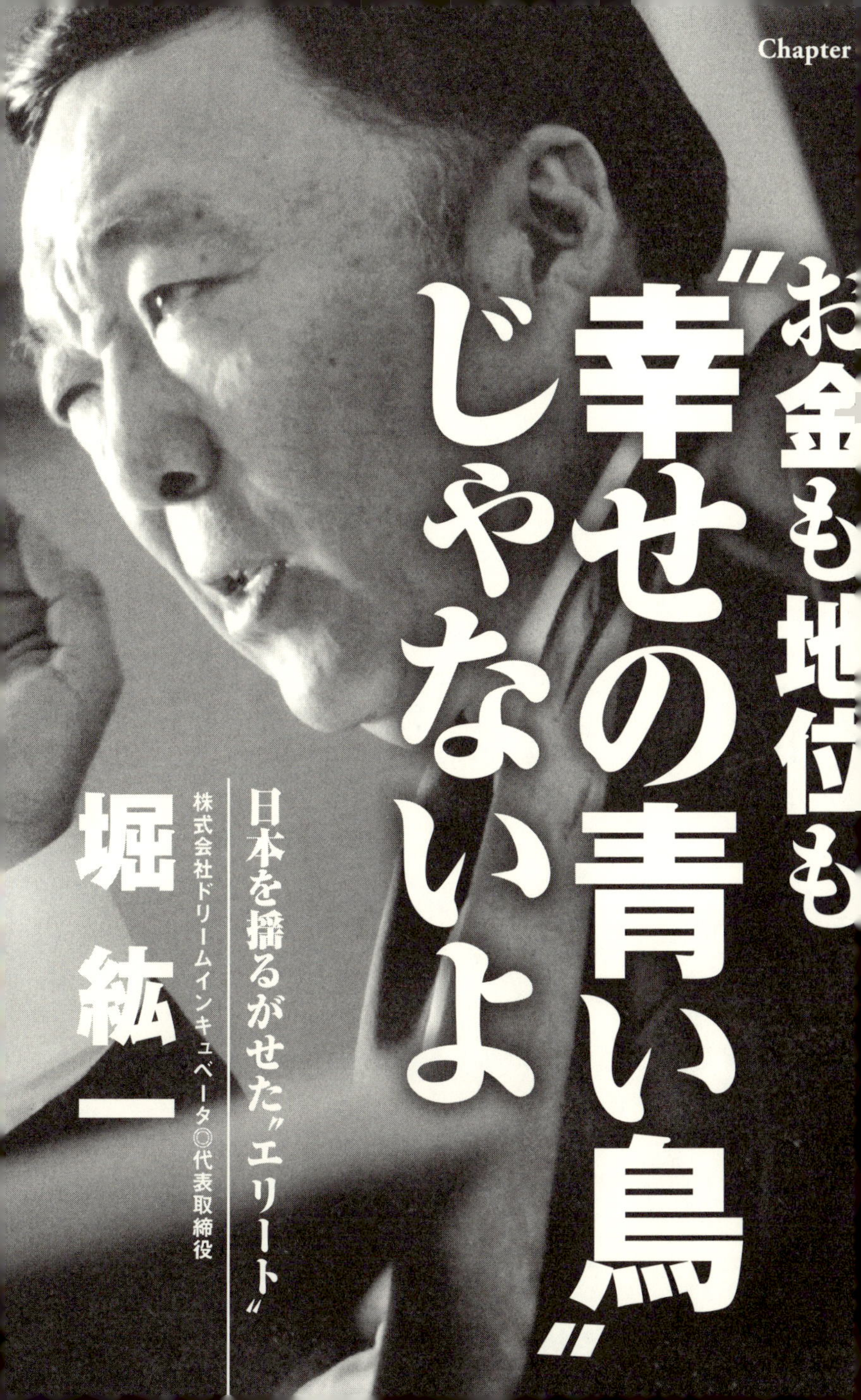

Chapter

お金も地位も"幸せの青い鳥"じゃないよ

日本を揺るがせた"エリート"

株式会社ドリームインキュベータ◎代表取締役

堀紘一

『エリート』。どこか反感を抱かせる言葉だ。青白い顔をして役にも立たない御託を並べ、人間味のかけらすら感じさせない――。

だがこの本にも、エリートのなかのエリートが登場する。

『ドリームインキュベータ』代表取締役社長・堀紘一。

それこそ、テレビや雑誌で企業やエスタブリッシュメントに鋭い批判を浴びせ〝御託〟で商売をしてきた人物だ。

ところが、彼が00年にすべてを抛《なげう》って起業したベンチャー企業支援会社からは、今後の日本を支えるような若い企業が次々と飛び立って行くではないか。

そしてこれこそは彼の〝御託〟が本物だった証でもないか……？

話を聞くと、彼はこう答えた。

『今後は、ガキンチョが日本経済を動かす。それでいいじゃないか』と。

堀紘一《ほりこういち》の歴史

1945年　兵庫県生まれ。

1969年　東京大学法学部卒業、読売新聞社に入社し、のちに本社経済部で大蔵省担当に。

1973年　三菱商事に入社。

1980年　ハーバード大学経営大学院にて経営学修士を取得。

1981年　ボストン・コンサルティング・グループへ入社、89年に社長就任。
（以降の情報はインタビューページのあとに掲載）

年収は2億円を超えていた。外資系の経営コンサルティング会社『ボストン・コンサルティング』の社長を務めていたときのことだ。歯に衣着せぬ論客として多くの著作を世に出し、同時に日本を代表する大企業の経営戦略、事業戦略に大きな影響を与えてきた人物だけに決して少ない額ではないが、ビジネスマンとしての頂点を極めた、とも言える額にも違いない。

ところが、彼は00年の5月、20年勤めた会社を惜しげもなく辞めてしまう。そして55歳にして独立、メディアへの出演も極力控え、社員たった13人の企業を始めたのだ。

「みんなから正気じゃないと言われたよ。自分でも、そう思うよ(笑)。まず、とんでもないリスクを背負ってる。だって考えてみなよ。いままで経営コンサルタントとしてやってきた僕が、実際に経営を始めてダメだったら世間から何を言われることか。『しょせん堀は口先だけの男。実際に会社をやってみればこの有様』なんて言われるのがオチだからね」

社名は『ドリームインキュベータ』。〝夢を孵化させる〟といった意味そのままに、ベンチャー企業への資金的な援助、経営の助言を通し、育成する会社だ。しかしなぜ? 〝ITバブル〟が崩壊し、ハイテクベンチャーが軒並み苦戦していた当時、これほど起業に不向きな環境もあるまい。ところが、彼はここで声のトーンも大きく反論を始める。

「何言ってるの? そんな状況だったからこそ始めたんじゃないか。戦後の日本経済が奇跡的な復興を遂げたのも、ソニーやホンダと言ったベンチャー企業が次々と画期的な商品を世に出して、起爆剤的な役割を果たしたからでしょ? 80年代に瀕死の状態だったアメリカが90年代になって見事に息を吹き返したのも、シリコンバレーに誕生したハイテクベンチャーが経済を引っ張ったからだ。不況だなんて言ってたけどね、日本経済を引っ張るような企業がどんどん生まれてくれれば、黙っていてもすぐに景気はよくなる。だからね、僕はこの会社を興して、明日のソニーやホンダを100社以上育てるつもりなんだ」

それこそ、正気とは思えない。だが、彼はこう話を継ぐ。

「こんな話をすると、みんな〝また夢みたいなこと言ってる〟って顔したよ。でも、ソニーだってホンダだって、いや、三菱グループだって松下電器だって、元はといえば零細企業だったじゃないか。どれも創業者が必死で金をかき集めて、細々と自分だけの技術を頼りにビジネスを始め、中小企業の辛酸を味わい尽くしながらも夢を追い続けた会社なんだよ。その結果、天下の大企業に発展したってわけだ。松下幸之助は夜中、電気会社の倉庫番をして金を貯めた。ソニーの盛田昭夫は、雨漏りのする事務所で傘をさしながら仕事をした。ようするに、僕が言いたいのはこういうことだ。マクロ経済の状況を変えるのは、実を言うと一人一人の志からなんだよ。当時ボクは『日本経済はもう一度、そこから始めなければならない』と思っていた。突き詰めれば、ガキンチョが新しい日本を作るってことだ。そして僕は、夢のあるガキンチョにお金と知恵を貸す人間が必要だ、とも痛感していた。

ならば、他人に任せるんじゃなく、今こそ自分の手で始めなきゃいけない、ともね」

三菱商事でのエリートコースを捨て名も知られてない会社への転職を選択

こう話す堀自身が、かつては一介のサラリーマンだったことはあまり知られていない。大学を卒業し「当時はまだ三流新聞だった」（堀氏）という読売新聞に入社。その後、三菱商事を経て、ボストンコンサルティングのトップになった。

「実は子供の頃から小説家に憧れていてね、文章が書けるから、というただそれだけの理由で読売新聞に入社した。競馬に熱を上げたり、同僚の記者と大酒を飲んだりしてね、よくいるサラリーマンだったと思うよ。

ただ、自分の仕事には大いに疑問があった。新聞社に勤めれば自分の価値観でものが言えると思ったけど、実際はあらかじめ決められた新聞社の価値観のなかでしかものを言えない仕事だとわかった。自分が何を感じ、どう見るかというようなことはまったく関係なかったんだ。するとーーこれはボク独特の感性かも知れないけど、自分の人生そのものをムダにしてしまうんじゃないか、という恐怖感が湧いてきた。〝よりよく生きたい〟なんて生半可な話じゃないよ。背筋が凍るような恐怖心を感じたんだ」

その後、エリート社員が集まる本社の経済部へ異動になるが、惜しげもなく4年で退社。三菱商事へ転職する。

その後、上司から受けた留学の誘いが堀の人生を変えることになる。

「最初に『ハーバード・ビジネス・スクール』と聞いたときは「簿記やワープロの勉強か」と思ったくらいだけど、ちゃんとわかるにつれて、これはえらいことになった、と思った。ビジネスを学ぶ学校のなかでも、厳しくて有名なところだったんだ。成績が下から5%以内になっ

1 マクロ経済を変えるのも、実は一人一人の志なんだ。

たら、どんな理由があったとしても退学になる。会社のお金で留学するわけだから「退学になりました」とおめおめ帰ってくるわけにはいかないじゃない。留学前から相当の覚悟をして行ったよ。しかし、実際はもっと大変だった。

考えてみてよ。世界中から〝我こそは！〟と思って来た奴らが、恐怖心にさいなまれて死に物狂いで勉強するんだよ。80分の授業が1日に3セットある。予習は授業の3倍はしろという。単純計算しても、1日16時間は勉強だ。これがまる2年間続いた。よく、大病で入院した人が『もう2度とイヤだ』とか言うでしょ？　僕はもう2度とこんなところで学びたくないと思ったよ。唯一の楽しみが金曜日の夕方、束の間の休息に飲む缶ビール1本なんだから……」

だが、日々重ねた猛勉強が、堀を意外な場所へと導く。学校を首席（MBA with High Distinction）卒業。しかし三菱商事で待っていたのは以前と変わらない仕事だった。社内でエリートコースと言われる自動車第1部に配属されるが、堀は居場所がないことに気付く。

「せっかく経営学を学んできたのに、現場の仕事しかない。三菱商事は60歳をすぎないと平取にもなれなかったからね。そのとき、35歳だった。あと四半世紀も待ってるうちに自分の人生は終わってしまうと思ったよ」

堀は再び、エリートコースから外れる決意をする。81年『ボストン・コンサルティング・グループ』の創業者に口説かれる形で再び転職。

「三菱商事で将来が約束されてたわけでしょ？　同僚や先輩たちからは『なにクレイジーなことを言ってるんだ』と、驚かれるってより、あきれられたよ。しかし僕は、会社や地位なんてのは〝幸せの青い鳥〟じゃないと思うんだ。よく考えて欲しい。どんな会社に行ったとしても、役に立つ人間であれば重用される。逆に高い地位が約束されていても、そこに安住してしまったらそれで終わり。実際に高い地位についても害になるだけだ。リスクのない人生なんて、本当にあるのか？　ボクは思うね。リスクに敢然と立ち向かい、戦い抜く、これだけが唯一のリスクヘッジなんじゃないだろうか」

アポすら取れずに門前払い それでも諦めず、前に向かった果てに見えた「夢物語」

こうして、ボストンコンサルティング日本法人を率いる新たな戦いが始まった。いまや経済界で『ボスコン』と愛称で呼ばれる会社が、堀が転職した当初は『ボストンバッグは間に合ってますから』とアポイントすら断られる始末だった。

「一応、出世コースに乗っていたはずなのに、飛び込みの営業から始めることになったんだから、世話はないよね(笑)。でもね、その数年後、あるラグビーの監督から話を聞いたとき、こんなことを言われた。同じぶつかり合うのでも、こっちから当たりに行く方が、相手に当たられるよりも痛くないし、ケガも少ない、ってね。そのときボクは、我が意を得たりと思ったよ。人生ってのは腰が引けてちゃダメなんだ。悩む時間があれば、始めてしまえばいい。そしてダメなら、落ちるところまで落ちてから考えればいいじゃないか」

2

リスクのない人生なんてのは有り得ない。リスクに敢然と立ち向かい、戦い抜く、これだけが唯一のリスクヘッジだよ。

20代、30代で貯めるべきものは"使えば使うほど増えるもの"だ。

頂だ！

たとえば、
友情、信頼、知識、スキル、
なんてものは使うほどに
磨かれ、豊かになる
ものばかりだよな。

一方、カネは使えば
使うほど減っていく。
若いうちから貯めるなんて

愚の骨

だが、この勝負が吉と出る。経営学に精通した堀の名が徐々に知れ渡っていったのだ。堀をビジネスのパートナーとして選んだ会社は数知れず、彼はオリックスの宮内義彦をはじめ数多くのビッグネームから無二の信頼を勝ち得ることになり、次第にマスコミにも登場、彼はこうして、自分自身の手で自分の名を高めていったのだ。

だが、ここでの成功の要因を聞くと、彼は突拍子もないことを言う。

「ボクは、20代、30代の頃にまったく貯金をしなかったことが大きかったと思ってる。お金だけじゃないよ。みんな、会社の地位とか業績とか、いろんなものを貯金するでしょ？　僕はその間、何も貯めなかった（笑）。スキルの収得や人脈形成や、見聞を広げることに時間とお金を投資してきたってわけだ。実を言うと、決めていたんだよ。〝毎月の給料は必ず使い切る〟ってね。だから収入が増えてくると、今月はどうやって使い切ろうか、恐怖心を感じるくらいだった（笑）。

まぁ、そんな話はどうでもいい。僕が言いたいのは——20代、30代で貯めるべきものは〝使えば使うほど増えるもの〟ってことが言いたいんだ。たとえば、友情、信頼、知識、スキル、ってとこだな。これ、みんな使うほどに磨かれ、豊かになるものばかりだよ。一方、カネなんてものは使えば使うほど減っていく。まあ、値打ちは低いね」

笑い話のようにも聞こえるが、すべて本当の話だ。彼は三菱商事を辞職したとき、真剣に、貯金は1円たりとてなく、ボスコンが成長しなかったら明日の糧にも困る有様だったという。

彼は額に手をやり、こんな話をする。

「なのにみんな〝転職が怖い〟とか言うでしょ？　ハッキリ言うよ。〝サラリーマン〟なんて種族は、今後、死に絶えるね。会社にしがみつき、誰でもできる仕事をこなし、最初の一歩を踏み出す人間にもならず……そんな人間が作ってきた社会が90年代、日本をどんな国にしたか、みんな知ってるはずだろ？　お金を貯めるとか、会社にしがみつくための地位を固めるとか、そんなことは40歳くらいになって〝自分はここまで〟とハッキリ見えたときに始めればいい。それなのに、若いうちからせっせと貯金するなんて愚の骨頂だ。

どうせなら、サラリーマンの対極にある〝ビジネスパーソン〟になろうって思わないか？　自分の才能が生きる仕事や職場を自分で求め、他の人間とは換えがきかない仕事を次々と任されていく――――。そんな人間になれば、お金なんてものは、どれだけでもあとから自分を追いかけてくる。繰り返し言うが、若いうちから貯金するなんて、愚の骨頂だ」

第二のソニー、ホンダとなるベンチャー企業を育てたい 安定を捨て続ける〝クレイジーな選択〟

こうして堀は、ボスコンを成長させただけでなく、コンサルタント業務を日本に根付かせるという誰にもできなかった業績を成し遂げる。堀に率いられたボスコン日本法人は世界に47か所ある事務所のなかで常にトップクラスの利益率を叩き出し、社員数は3倍以上になった。何より、超一流の顧客の名が、ボスコンの名を高めることにもなった。

　だが、堀は再びその栄誉と地位をすべて捨てる。マクロ経済関係のデータを収集するうち、彼はあるデータを目にし、若き日と同じ〝背筋が凍るような恐怖心〟を感じたからだ。

「90年代後半、日本国内の起業率がだんだん下がっていってたんだよ。しかも、廃業率はだんだん上がってきている。これはどういうことか？　単純な話、企業の数が減ってるんだよ。これじゃ不況になるのはアタリマエだよね」

〝サラリーマンが絶滅する〟そんな言葉も、ただの煽りでないところが堀らしい。不況は数多くの悲劇を巻き起こし、日本全体が暗い雰囲気に停滞していた。

「このときボクはずっと考えていた。マクロ経済や経営学を研究してきた、なんて言うと、まるっきり人間味がないように聞こえるかもしれないけど、そんなことはない。ボクは『リストラ』『自殺』なんてニュースを聞くたびに胸を痛めたよ。そして思ったんだ。〝もう、放っておけない。批評などいいから、自分が思いっきり当たりに行ってやろう〟とね」

　このとき、彼は自分が為せることと世間が求めていることが一致すると確信を持った。起業の肝とも言えるものだが、彼は結局、何を見たのか？

「単純な話、当時、ベンチャー企業がなかなか育っていなかった。じゃあ、彼らに足りないものはなにか。もちろんお金は足りないだろうけど、それ以上に足りないものがある。ガキンチョには勢いがあっても、経験の力がない。たとえば非常にクリエイティブな人間が、なにかいい商品を作ったとするでしょ？　しかし大企業が物量作戦で一気に参入してきたら、ベンチャーなんてひとたまりもないよ。じゃあどうするか。大企業がマネをしにくくなるだけの仕掛けや参入障壁を作らなくてはならない。こういうのは経験豊かな、年寄りの仕事だよ。銀行が実績や担保にカネを出すとすれば、僕は夢やアイデアに知恵を出す。いつしかボクも50歳を超えてしまったけど、胸がワクワクした限り、ボクはいてもたってもいられない。やりゃいいんだ！　と会社を飛び出すことにした」

55歳の起業……再び堀は周囲から『クレイジー』と言われる羽目になる。だが、彼は決して口先の人物ではなかった。『ドリームインキュベータ』開業後、彼が最初に行なった仕事は、堀自身が電話でアポを取りまくる〝飛び込み営業〟だった。

「年甲斐もなく、とはこのことかも知れない。しかし人間は、守りに入ると老化が始まるんだよ。それって年齢じゃないよ。ムチャクチャでもいい。自分から当たりに行くスピリッツを持っているかが問題なんだ」

彼は起業したばかりの頃、こんな言葉を残した。

「リスクが充満しているいまは夢のある時代。例えれば明け方4時頃というところだ。空も時代も、日の出前が一番暗いんだよ――」。

ここから彼の会社は、まるで先の言葉が予言者の御託であるかの如き快進撃を始める。若い頃から貯金せず培ってきた人脈、信用をフル回転させ、彼が成長させた会社は、上場企業だけで「ゼクス」「フィデック」「アプレシオ」など多数。支援内容は投資だけでなく、収益のメカニズムを明確にする、競争構造の変化に即応する、幹部に望まれる資質をコーチング

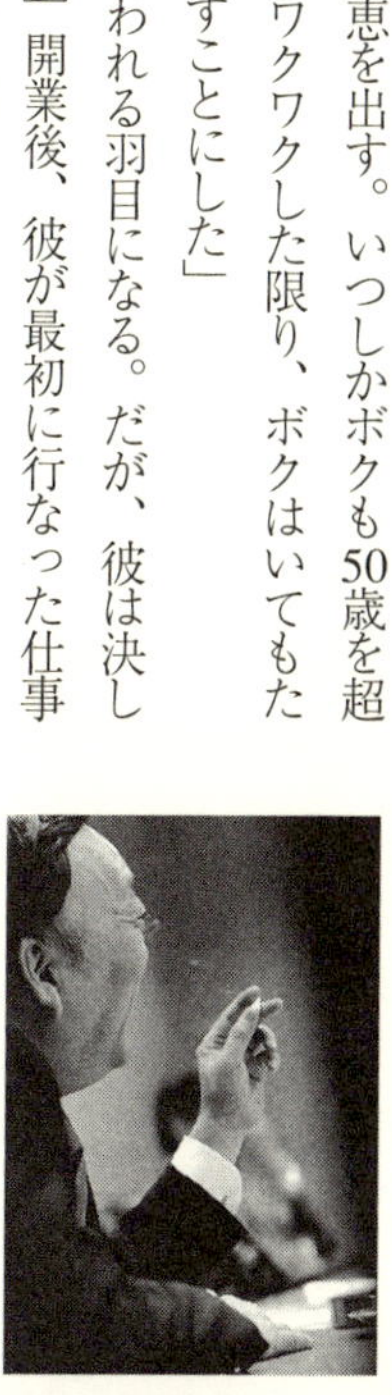

4

胸がワクワクしたなら、やりゃいいんだ！　ムチャクチャでもいい。自分から当たりに行くスピリッツを持っているかが問題なんだ。

するなど、多岐に渡っている。

当然のことだが、これらはすべて堀個人がどれだけ貯金に励んだとしてもまったく役に立たなかったことだろう。しかも05年、彼は小さなおまけをも手にした。『ドリームインキュベータ』が東証マザーズから東証一部へと上場。90年代後半には減り続けていた上場企業の数を、彼はその手でひとつだけ増やして見せたのだ……。


最後に、彼はこんな話をする。それはマクロ経済まで引っ張り出した、『エリート』らしい人生論。まさに彼の真骨頂だ。

「ようするにボクが言いたいのは〝人生そのものがリスクなんだ〟ってこと。好奇心が無くなったり、リスクを避けようとするようになったら、もうその人生はオシマイなんだ。想像してほしいよ。リスクがない、夢もない。そんな人生ほど、詰まらないものはないだろ？

そしてボクは、こうも思うんだ。もし、みんなが夢を持って働ける社会が来たならば、日本経済は復活どころか、すごいことになる、ともね。さらに言えば、こんなマクロ経済を元にした話でも、決して遠い世界で起こってる夢物語じゃない、ってことも言いたい。

だって最初に言ったよね。日本経済を変えるのは、一人一人の志からだ、って」

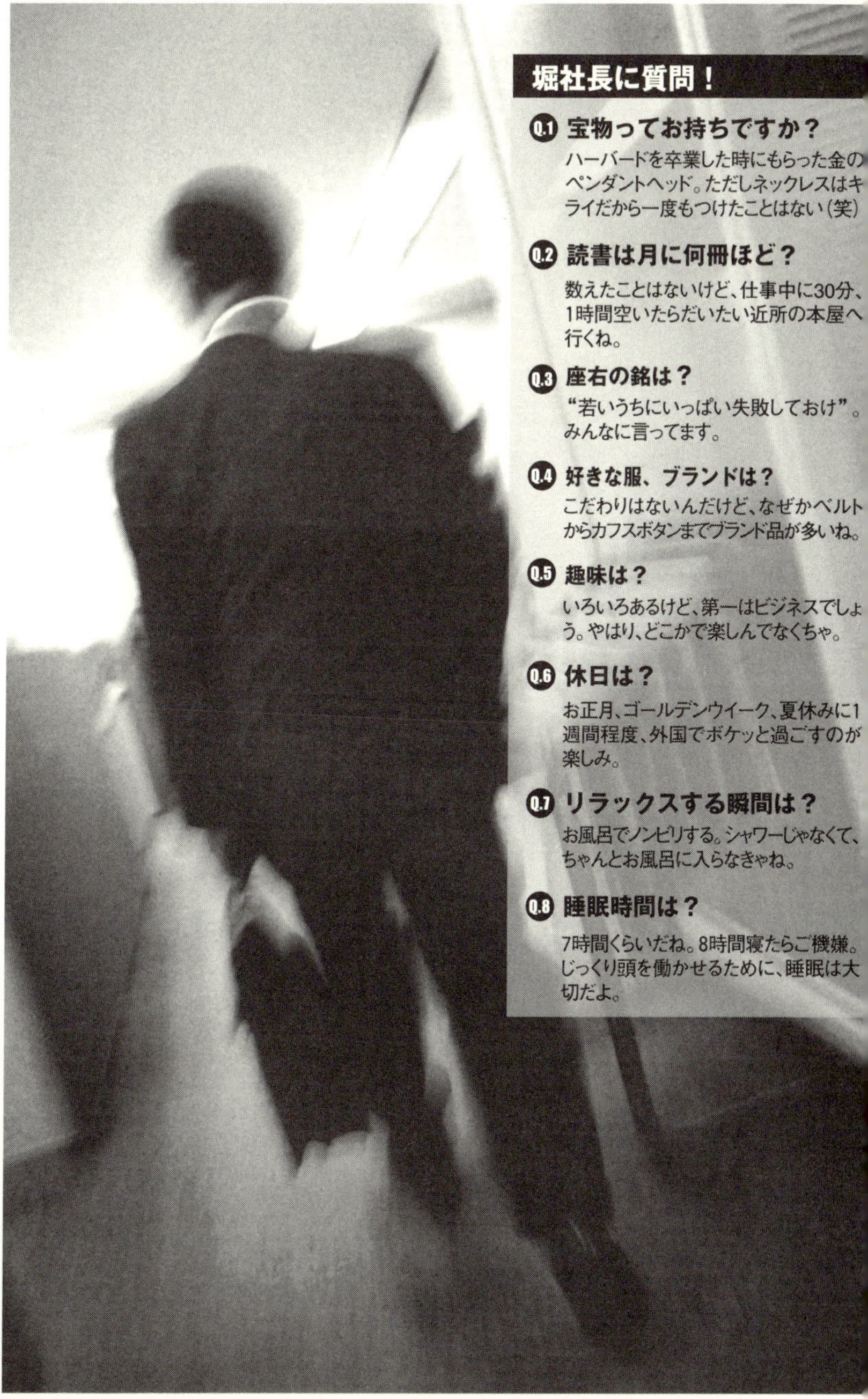

堀社長に質問！

Q.1 宝物ってお持ちですか？

ハーバードを卒業した時にもらった金のペンダントヘッド。ただしネックレスはキライだから一度もつけたことはない（笑）

Q.2 読書は月に何冊ほど？

数えたことはないけど、仕事中に30分、1時間空いたらだいたい近所の本屋へ行くね。

Q.3 座右の銘は？

“若いうちにいっぱい失敗しておけ”。みんなに言ってます。

Q.4 好きな服、ブランドは？

こだわりはないんだけど、なぜかベルトからカフスボタンまでブランド品が多いね。

Q.5 趣味は？

いろいろあるけど、第一はビジネスでしょう。やはり、どこかで楽しんでなくちゃ。

Q.6 休日は？

お正月、ゴールデンウイーク、夏休みに1週間程度、外国でボケッと過ごすのが楽しみ。

Q.7 リラックスする瞬間は？

お風呂でノンビリする。シャワーじゃなくて、ちゃんとお風呂に入らなきゃね。

Q.8 睡眠時間は？

7時間くらいだね。8時間寝たらご機嫌。じっくり頭を働かせるために、睡眠は大切だよ。

「登山の目標は山頂と決まっている。しかし、人生の面白さはその山頂にはなく、かえって逆境の、山の中腹にある」。吉川英治の『宮本武蔵』にある言葉だ。辿り着いたら、そこがスタート。実は世の中の『年寄り』が反感を持たれるのは、何かを始めるときの華やぎや胸の疼きを失った人物が多いからかもしれない。ビジネスとまったく関係ないが、自分は以下の言葉が好きだ。１９３４年、世界初のチョモランマ登頂を目指した英国人、モーリス・ウイルソン。彼は飛行機で山腹に不時着するなど奇抜な方法を考え出すがすべて挫折、最後は独り魔の山に向かい消息を絶っている。のちに、彼の風化した遺体とともに発見された日記には、最後の一文がこう綴られていたという。

「5月31日――再び、出発。すばらしい天気だ」

※著者注　モーリス・ウイルソンに関する一連の経緯は、山際淳司『みんな山が大好きだった』を参照しています。ちなみに、著者超絶おすすめの一冊です。

堀紘一と／株式会社ドリームインキュベータの歩み

2000年／株式会社ドリームインキュベータ設立。

2001年／ドリームインキュベータに対し、NTTドコモ、ソニー、オリックスなど、5社による出資が行なわれる。

2002年／5月、東京証券取引所マザーズ市場に上場。

2005年／東京証券取引所市場第一部に上場。

ドリームインキュベータ設立後はマスコミへの登場、講演を減らしていた堀だが、現在は再び、その鋭い舌鋒を披露する機会を増やしつつある。
ドリームインキュベータの詳しい業務内容はhttp://www.dreamincubator.co.jp/

"キラキラ輝く夢"の体現者

Chapter 9

株式会社アルカサバ◎代表取締役

貞方邦介

打算なき本気”だよ

彼は運転手付きのリムジンに乗り、颯爽と現れた。

一式数百万円のスーツ・腕時計とともに

夢を叶えた人間だけが醸し出せるオーラをまとい――。

『アルカサバ』代表取締役社長・貞方邦介。

彼は、東京・広尾のオフィスで、自らが成し遂げた、

奇蹟の〝成り上がり〟をつまびらかに語り始めた。

貞方邦介《さだかたくにすけ》の歴史

1967年　福岡県久留米市のサラリーマン家庭に生まれる。

1987年　高校卒業後2年間何もせず過ごし、その後、単身上京。1年間浪人し、國學院大學へ入学。

1994年　東急東横線「学芸大学」駅前商店街に、たこ焼き屋『ぽるぽ亭』をオープン。
同年、恵比寿ガーデンプレイス前に、当時流行だったシフォンケーキも食べられるレストラン『ムーンチャイルド』を共同経営にて出店。
（以降の情報はインタビューページのあとに掲載）

「僕らが子供の頃『スーパーカーブーム』ってあったでしょ？　みんな、フェラーリやランボルギーニのプラモやラジコンを持ってたんですよね」

オフィスビルの最上階、アルカサバ代表取締役社長・貞方邦介がソファに浅く腰掛け、この人物特有の遠くを見るような眼で話す。

「実はそれが、自分の原点なんです。小学生のとき、テレビや雑誌で赤や黄色にキラキラ光るクルマを見ながら決めたんですよ。〝ボクは将来、絶対これに乗るんだ〟って」

心理学的に言えば、少年時代は誰もが万能感のなかに身を置いている。だから、アニメの主人公にも、プロスポーツ選手にも、簡単に自己を同化させることができる。それは夢が胸一杯に広がった状態だ。たとえば〝ヒーローになりたい〟〝ワールドカップの得点王になりたい〟。

そして〝大金持ちになりたい〟

「ところが親や先生は、ボクに『勉強しろ』って言うんです。ちょっと待ってよ、と思った。必死で勉強すればフェラーリやランボルギーニに乗れるっていうなら、ボクはきっとがんばったと思うよ。でも、少し世間がわかるようになると……」

貞方は疑問、というより嫌悪感を抱いた。因数分解や英文法を覚え込み、あらかじめ権力者に与えられた競争に勝ち抜いて一流大学を出ても、一般的には勤め人としての未来が待っている。毎朝決まった電車に乗り、会社で上司の言うことを聞き、ローンで小さな家を買う……。

子供の頃のキラキラした夢は、いったいどこへ消えていってしまったというのか？

「しかも世間は『夢を諦めなさい』というメッセージで満ちてるんですよ。小学生の頃は『将来は大金持ちになってスーパーカーに乗るんだ』と言っても大人は笑顔だった。しかし中学生、高校生になると『何言ってんだ?』とバカにされるようになり、ついには友達すら『オマエ、赤点とってるくせに、アタマ大丈夫か?』なんて言い出すし」

どうしても勉強に精が出ず、高校卒業後、地元・福岡で2年間ブラブラした。〝大学に入れば何かのきっかけくらいつかめるかもしれない〟と自分に言い聞かせ、東京で1年間浪人。そして、ようやく4年間の自由を手にしたとき、彼はすぐ、あるものを見に行った。

「当時、流行の最先端だったディスコ『マハラジャ』の系列のレストラン&バー『プレゴ』でバイトを始めたんです。バブル全盛の時代だから、BMWやベンツが『六本木のカローラ』って言われててね、飲み物だって、芸能人や大金持ちが1本何万円もするワインをバンバン開けてましたよ。ボクは、カウンターの奥でひたすら、そんな人間の姿を目に焼き付けた。

いつか、この80センチのカウンターを飛び超えて、向こう側のキラキラした世界へ行くんだ、ってね——」

「身の丈なんか知らなくていい」夢を捨てさせるべく仕組まれた〝洗脳のメッセージ〟への挑戦状

『時給850円だったよな』とひとしきりおかしげに振り返ったあと、彼はこう話を継いだ。

〝金持ちに憧れてる人は多いのに意外と真剣に追いかけてる人は少ない気がする〟と。

「それどころか、多くの人が〝自分には無理かも〟と何もしないうちから諦めてますよね。世の中には〝自分の身の丈を知れ〟みたいなメッセージがありますけど、それこそが実は、夢を諦めさせる洗脳の始まりなんです。何もやってないうちから自分の身の丈なんかわかるわけない（笑）。そして、みんなが勉強とか、大きな会社へ就職することに価値を置いてるからって、自分もやみくもにその競争に加わるんです。その先に何かあるはずだ、と信じてね」

全員が万能感のなかにいたら社会が成り立たない、だから構成員は皆、大人になるための儀式として互いに夢を諦めさせる。自分もこの程度だから、オマエもこの程度だ、と……。

貞方は真剣に考えた。資金も、技術もない自分に、今、何ができるか？　そして彼は、一見非常に遠回りとも思える道を選ぶ。

「とりあえず何でもやってやろうと、イベントサークルで『ＡＸＩＡ』というカセットテープの販促をやったりしてたんです。やるうちに、起業して手広くやってる人と知り合えたりするじゃないですか。すると必ず〝お話を聞かせてください〟って喰らいつくんです。打算があった訳じゃない。そういう方と少しでも一緒にいれば考え方が学べるでしょ？　ついには、ボクを気に入ってくれた方の運転手のようなことをしながら〝お金儲けってこういうことなんだ〟と学んだ。友達に〝小間使いみたいなことして、給料もらってんの？〟などと聞かれたこともあったけど、そんなわけない。起業家の方だって、ボクが打算なく動いているからこそ自分を気に入り、何かを伝えようとしてくれたわけだし……」

そんな行動の結果、彼は大学2年生のとき、自分にもできるビジネスを描いた。当時流行だった『ねるとんパーティー』。とんねるずの番組が元になったイベントで、簡単に言えば、最

1 みんなが**勉強**や、**大企業への就職**や、**貯金**に**価値**を**置いてるからって** **自分も**やみくもに、その**競争に加わる**なんて**馬鹿げてる**よ。

後に告白タイムが設けられた大規模な合コンだ。ビジネスモデルは単純そのもの。参加者から必要な経費プラスアルファの会費を集めるだけのことだ。

ただ、貞方はこのありきたりなアイデアに、ちょっとした味付けを加えた。

「こういうパーティーって、男性の参加費は高く、女性は安いのが当たり前ですよね。ボクは逆にしたんです」

どんな理屈なのか想像もつかない。貞方は楽しげに話を続ける。

「女性ってこうした場には興味と同時に警戒心も抱きますよね。そこでボクは男性を絞り込むことにしたんです。それまで必死で動いて得たコネクションを使って、今で言う『セレブ』や、一流企業の方だけに声をかけたんですよ。こうして、女性に餓えた男や場を壊しかねない人間を排除すれば、多少値段が高くても女性はお金じゃ買えない何かを感じてくれると思ったんです。同時に、会場を高級ホテルにし、高級感を持たせればチケットの単価を高く設定できるはずだ」

男女をつなげる単純なイベントに『セレブ』のキラキラした夢の世界を実現させたあたり、まさに彼のフィールド上にあるビジネスでもあったろう。いずれにせよ、彼のパーティーは着実な利益を上げ始める。まずは両親に〝仕送りナシでも大丈夫〟と伝えることができた。実はずっと〝何年もブラブラしてたことを気に病んでいた〟というから派手に見えて律儀だ。そして、気がつけばビジネスはさらに拡大。『じゃらん』（リクルート）をはじめとする雑誌に数十万円単位の広告を出してもペイできるようになった。ついで、協賛企業が引きも切らなくなった頃には売り上げが月額400万円、利益は200万円を突破。うち80万円を広告に使ったが、なんと貞方は月に120万円の収入を得るまでに至る。

だが、ここで彼は妙なことを語った。本当の成功要因は『ねるとんパーティー』で当てたことではなく、その後月々30万円使って、パーティーの参加受付を電話代行会社に任せたことだというのだ。

一体、どういう意味なのか？

「常に〝時間の使い方〟って考えるべきだと思うんです。ボクは月曜から金曜まで空いてたし、その時間を使って受付の電話に出れば、月々30万円は浮きますよね。でもそれって〝死に金〟であり〝死んだ時間〟なんです。ボクは空いた時間を使って、ほかの起業家と会ったり、流行している店を見に行ったりして、次のビジネスを発見するために動いた。こういうところで自分のお金や時間を〝生き金〟〝生きた時間〟にしなければ未来はないんです」

それは平たく言えば〝自分への投資〟とでも言うべきものなのだろう。だが、月々30万円という額は学生ならずとも大金に思えるが？

「もちろん大きかったですよ。しかし、この30万円を毎月貯めたからってどうなるんです？仮に貯金したとしても、1億円貯めるまでに……333か月だから、30年近くかかりますよね。そして50歳を前にして、やっとスポーツカーを買っても、自宅は？　別荘は？」

彼は話を継ぐ。時間の使い方も同じですよ、と。

2 月々30万円貯めても、1億円までに30年近くかかりますよね……。成功したいなら、今あるお金を「生き金」にしなきゃ

目先の打算なんかいらない。
たとえば
“高級車に乗ってたら
モテるんじゃないか”
と思ったなら

1年間
土日も
休まず
働いて、

中古のベンツを買ってクラブに行ってみればいいんですよ。

「成功してる人に〝ヒマをつぶす〟なんて言葉を使う人、誰もいません。本気で成功したいなら、会社や学校のあと、家でゴロゴロとテレビ見たりしてる時間なんてないんですよ。たとえば、その時間を使ってバイトでも始めれば〝こんな店があったらおもしろいかも〟とアイデアが思い浮かぶかも知れない。なのに、会社のあとも必死で働く姿が経営者に認められ、資金を貸してもらえるかもしれないし、しゃべる相手もいないのに英会話を習ったりして……。そんなの自分で学ぶより、通訳の方にお願いするほうがよっぽど早いし正確ですって(笑)。

正直〝趣味・寝ること〟とか言う人を見ると、ボク、悲しくなるんですよ。あと何十年もすれば、誰もがずっと寝てられるのに、ってね」

29歳で念願のフェラーリを入手 そして走り始めた、誰も見たことがない道

そんな貞方の感性が、次のシーンを切り開いた。彼はパーティーの主催をキッパリ打ち切り、たこ焼き屋を始めたのだ。ずいぶん地味な商売にも思えるが、そこにはこんな読みがあった。

「まず『ねるとん』を捨てたのは、それが一生続けられる商売じゃないからです。で、何をやるかいろいろ考えた結果、個人の資金でできるのは、やはり『店』しかないとわかった」

だが、なぜたこ焼きだったのか？　好きだったからなのだろうか？　彼はこともなげに答える。〝いえ、流行だったからですよ〟――。

「ボクが大学を出た92年当時って、ちょうど関西のたこ焼きチェーンが東京に進出を始めたばかりの頃で、外がカリッと焼け、なかがトロッとしてる大阪の味が東京でも認知され始めた時

期だったんです。もちろん味の研究はしましたが、ブームに乗るのって大事なんです。今でもよく〝たこ焼きが好きだったの？〟って聞かれるけど、ボクはラーメンのほうが好きでした（笑）。それこそ〝たこ焼きが好きだった〟って言えば首尾一貫して聞こえるとは思いますが、ボクは逆に〝好きなだけで上手くいくほど商売って甘くないでしょ〟って思うんです」

結果としてこの商売が当たった。彼は〝2つの成功要因があった〟と分析する。

「まず、自分は一切店に立たないこと。ボク、開店2日目にはもう店には行きませんでした。自分が店に立てば少ないリスクで利益もあげられるけど、それに将来はないでしょ」

彼らしい発想だ。では、2番目は何なのか？

「先に話したとおり〝好き〟って言葉に溺れなかったからですよ。みんな、店を出すというと、好きだからこそ味の研究をするじゃないですか。ボクは大阪の店をくまなく見て、行列ができる店と、そうでない店の差が何なのか、先入観ナシで考え抜いたんです。そしたら面白いことが見えた。味に大差はない。もちろん違いはあるけど、それは店の個性とでも言うべきもので、優劣はつけがたかったんです。じゃあ何が違うか？それは、食べやすさ、清潔感、店員の親しみやすさ、といった微妙な差でした。屋台程度のお店だからこそ、ゴミや野菜くずは綺麗に掃除し、おつりをお返しするときは感謝を込めて手を包むようにお渡しする、それだけで人が集まり、最終的には味にも信頼感が生まれるんです」

彼はさらに語る。結局はその小さな違いが、自らの運命を切り開く、と。

「行列ができる店、普通にお客さんが来る店、あまりお客さんがいない店……これを1年続けたとします。まず、一番ダメな店は既に別のテナントが入ってますよ。二番目の店は、食ってはいけるけど次の展開もないという、ある意味一番よくないパターンにはまり込んでしまうはずだ。そして一番流行っている店は——その頃にはもう、2号店、3号店を出している」

ところが、面白いのは貞方がさらにその上をいったことだ。店が潤沢な利益をもたらし始めた頃には別のトレンドをつかんでいた。

「その頃、女性ファッション誌を背景に〝夜お茶〟がブームになり始めていたんです。オープンテラスのカフェで、当時はまだ一般的じゃなかったシフォンケーキをいただくものでした。これが〝シフォンケーキはバターを使わないから夜食べても安心〟という情報とともに〝できる女性のスタイル〟みたいな輝きを持ち始めた。さっそくたこ焼き屋のときと同じようにリサーチを重ね、女性ファッション誌の撮影にも使ってもらえるオシャレな内装を施し、店を出した。すぐ人気店になりましたよ」

聞くと簡単なことのように思えるが、そこには貞方一流の背景もあった。

「実はボク、これがおいしい、流行ってる、って情報を得ると、すぐ体験しに行ってたんです。それは起業のためというより好奇心の問題だと思います。結局、目先の打算なんか考えず、これだと思ったことを本気でやればいいんですよ。たとえば……高級車に乗ってたらモテるんじゃないか、と思ったなら、1年間土日も休まず働いて、中古のベンツを買ってクラブに行くことまでしなきゃ。結局、本当にモテるかどうかはその人次第だと思うけど（笑）、本気でやった

4 目先の損得など気にせず、本気でやったことは、必ず自分に何かをもたらす。いわば打算なき本気だけが未来を変える。

ことは、きっと自分に得難い何かをもたらしてくれるはずなんです」

この成功が、彼に飛躍をもたらした。店舗のデザインや経営コンサルティングを行なうようになり、同時にウェディング専用クラブハウスなど斬新なスタイルの店を自ら経営し始めたのだ。

そして29歳のとき、彼は念願のフェラーリを手にした。

「そのとき〝ラジコンじゃないよ。本物だよ〟と思いながら眺めたのを覚えてます（笑）。しかし、手に入れた瞬間には、もう次を考えていた。自家用ヘリがほしい！　移動時間が長いから、運転手付きのリムジンを買って移動オフィスにしたい！　両親を東京に呼んで、週に一度くらいは一緒に食事がしたい！　いずれはホテルのオーナーになりたい！　――お金がかかることも、あまりかからないことも含め、次々とやりたいことが沸き上がってきたんです」

もう、子供らしい万能感と笑う人間はいなかった。彼は疾走を始める。創作和食ダイニング『遊庵』、一部店舗では朝5時まで営業しているエステ『Ｒｅｉａｘ ｂｏｄｙ』、一人ひとりのこだわりに合わせた独創的なプランを提案するフラワーショップ『四季花壇』など、すべて〝お客様に本当のセレブ感を味わっていただきたい〟という彼独特の味付けで流行店にした。そして貞方は〝一流若手実業家〟という実績を背景に、芸能人やスポーツ選手、

さらには子供の頃から憧れていたF1ドライバーたちとも交流を持つに至る。〝今度、ボクのヘリに乗りませんか〟など魅力的な誘いを口にする彼は、いつしかカウンター越しに見た〝セレブの世界〟の住人からも特別扱いされる存在になっていた。その後の経歴は夢のようだ。30歳で豪邸を手に入れた。ランボルギーニ・ムルシェラゴ、アストンマーチンバンキッシュなど、駐車場には日本に数台しかないクルマが並んだ。そして収入は年々増え、30代前半で年収は1億円を突破。次第に彼は『セレブ』の象徴としてマスコミに出るようになり、ついに36歳になった04年2月、彼はホテルのオーナーになった。熱海のデザイナーズスパリゾート『Relax Resort Hotel』。9部屋の客室は全室オーシャンビュー。アロマなど多彩なリフレクソロジーを用意し、心からの〝癒し〟にこだわった。

「でも、小さなことにも注目してほしいんですよね。ホテルに行くと、部屋にノートが置いてあるでしょ？　ボクはこれを進化させ、ノートの隣に色鉛筆を置いた。部屋に入ると全12色がすべて長さを揃えて立ててある。普段、自由に絵を描く機会ってないじゃないですか。そこで僕は〝たまには贅沢に時間を使ってほしい〟というメッセージを色鉛筆に込めたんです」

だが、彼が夢を次々と実現させるに従い、気になりだしたことがある。それは人間の業とも言える〝嫉妬〟だった。夢のような経歴を語り終えた貞方は、最後にこんな話をする。

「ボクがフェラーリに乗ってるのを見て『日本は高速道路でも100キロしか出せないのに、あんなクルマ乗ってどうするの?』と言う人がいる。ほかにも、燃費が悪いとか、狭いとかね。でも、そういう人に限って、自分が乗ってる車とフェラーリ、どちらか無料でプレゼントされるとしたなら、絶対フェラーリを取る」

嫉妬心とは、何かを手に入れた他人が呼び覚ますものではない。それは、満足してない自分自身のドロドロした心が、他人に投影されたものにすぎない。趣味は〝寝ること〟、会社が終わるとテレビを見てゴロゴロ……しかし、画面に映った貴方を見るとうらやましくて仕方なく『お金じゃ買えないものもあるのに』などと言う。

「いくらお金を払っても手に入れられないものがあることくらい、ボクもわかってますよ(笑)。そして、お金じゃ動かない人間がいることも、お金に興味がない人間がいることもね。でも、ボクが子供の頃からほしかったものを手に入れたのは事実でしょ?」

彼は話を継ぐ。

それは、彼が子供の頃から歩んできた道を象徴する言葉かも知れない。〝本当に夢を叶える人間は、何かを手に入れた人間を見たとき、嫉妬するより素直に、尊敬の気持ちを持つものなんです〟。

そして貞方は話をこう閉じた。

「だって嫉妬を続ける限り、自分の姿はハッキリ見えないでしょ? だから、もし誰かがうらやましいと思ったなら、素直にその感情を受け止め、自分の姿をしっかり見つめることからはじめるべきなんですよ。

カウンター越しにセレブを眺めた、あのときのボクのように」

5 嫉妬とは、満足していない自分の心が、他人に投影されたもの。ボクは、人がうらやましいと思ったとき自分の小ささを目に焼き付けた。

貞方社長に質問！

Q.1 毎日の習慣ってありますか？
食事は必ず、誰かと一緒に楽しみます。自分が知らない何かと出会いたいんです。大学生の頃から続けている習慣ですね。

Q.2 宝物は？
従業員。もっともっと価値のあるビジネスを生んで、彼らにも幸せを味わってほしいと思っている。

Q.3 今日着ている服は？
ドルチェ&ガッバーナです。

Q.4 洋服はよく買う？
いえ、たまに気に入った店へ行き、上下を揃える程度ですね。たくさん買うより、気に入ったものを買う主義です。

Q.5 お伺いしたもの以外に、成功要因を挙げるなら？
「信用」。15年間継続してきたって実績は何より周囲を安心させると思うよ。

Q.6 好きな食べ物は？
いろいろあるけど、母親の手料理かな(笑)。週に1度は食べますね。

Q.7 読者に一言！
部活でも、仕事でも、何でもいいから、100%全力で取り組んでほしいね。必ず何かが起こるから。

打算なき

人はいずれにせよ〝打算〟のなかで動く。

だが、貞方氏の〝打算〟は電卓の桁数が少々違った。人はたいてい『今の給料が30万円なら、10万円貯金し、5年でマンションの頭金を作ろう』などと、今、目に見えるもので打算を働かせるはずだ。だが、彼は月々10万円を遊びに使い、目に見えないものと出会うことに価値を置いた。

それは、足し算で人生を送るか、掛け算で人生を送るか、という違いにも思える。そして、彼の打算は電卓から桁がはみでるほどの何かを得たのだ、とも。

貞方邦介と／株式会社アルカサバの歩み

1999年　フラワーショップ『四季花壇』赤坂店出店。一人一人のこだわりに合わせ、花にグラスや指輪を組み合わせて贈る新しいスタイルが話題に。

2000年　エステティックサロン『Relax body』出店開始。一部店舗で深夜5時まで営業。仕事や夜遊びの帰りにエステ、という新しいスタイルを提案する。

2001年　和食創作ダイニング『遊庵』出店開始。

2004年　デザイナーズスパリゾート『ReLax Resort Hotel』開業。

貞方率いる『アルカサバ』は06年現在、年商18億円に成長。あえて株式は公開せず、安定した経営を見せている。
店舗情報など詳しくは、貞方の日記も読めるアルカサバのサイト　http://www.alcazaba.co.jp/　を。

元祖『カリスマ美容師』

株式会社田谷◎代表取締役会長

田谷哲哉

意識し得ない壁を見よ

職人の世界だった美容業界に

新たな潮流を巻き起こした人物がいる。

自らカリスマ美容師として君臨したあと、それまで

〝感性〟の分野でしかなかった美容技術を体系化、指導のため『技術本部』と

呼ばれる部門を設け後進たちに、全126に及ぶ技術習得項目を課すなどして

約3000人の美容師を抱える一大チェーンを作り上げたのだ。

事業化など困難と言われた業界で、ここまでの成功を収めることが

できた理由は何だったのか？　いや、そもそも芸能人たちの信頼をも

一身に集める元祖・カリスマ美容師となり得た理由は？

聞けば彼の話はすべて〝感性〟を超えた、

確固たる根拠に基づいていた――。

田谷哲哉《たやてつや》の歴史

1941年　千葉県成田市出身。

1960年代初頭　ファッション雑誌に掲載された髪型をすべて系統立てて分類するなど、感性の分野に理知的な研究で切り込む。

1964年　東京・麹町に「田谷哲哉美容室」オープン。まさに東京オリンピック開催日にあたる10月10日だった。

（以降の情報はインタビューページのあとに掲載）

裏原宿にある田谷本社の最上階、インテリアも内装もメタリックなホワイトで統一された応接室に、その人物がやって来た。ライトグレーに染められ、ほどよく整えられた髪、そして細身のスーツ。しかも近くに寄ると、ほどよい桜の香りが漂って来る。この「美しい」と形容したくなる男性に会うのは約3年ぶりのことだ。そして彼が、著者を見て言った。

「あれ？　前回はひげはやしてなかったし、髪型も変わったよね？」

田谷哲哉――数多くの芸能人から認められ、元祖カリスマ美容師として業界をリード、その後ほとんどが個人経営の店だったこの業界に、200店を超えるチェーンを築いた人物だ。取材や商談で人と会う機会など、数え切れないほどに違いない。

そんななか、約3年前に、たった1時間弱話しただけの人間を記憶にとどめている……。それはまさに、この人物が一流と呼ばれる小さな証にも違いなかった。

母、そして近所の女将さんの背中から学んだ〝一流の条件〟

田谷哲哉は千葉県成田市の出身。祖母・母と続く美容師の一家に生まれた。子供の頃に見た風景に、忘れられないものがある。

「母が妙なことをするんですよ。お客様がいらっしゃるとご挨拶しますよね。そして、カットが終わり、料金を受け取ったときにも挨拶し、ドアをお開けするときもご挨拶する。ここまではいい。しかし彼女は、既にお客様が30mくらい離れていったにもかかわらず、その後ろ姿に頭を下げ続けているんです」

子供心に〝もう見てないのに、なぜ？〟と思った。だが、青年期になり、彼もまた美容師を目指す頃になると、すべては氷解した。

「これが実は、ボクの原点かも知れませんね。見ているところだけでやる人間ってのは、奥が浅い。突き詰めれば、事業をやるってことは、お客様が見ていらっしゃらないところで、誠意を尽くせるかどうかなんです」

どういう意味なのか？

「自分から何かを求める人間は、人が見ていなくても努力します。自分から求めている人間は、どんなことを頼まれても、わざわざやってる、という感覚を持ちません。そして、すべては滲み出るんです」

彼は話を継ぐ。〝母はきっと、そんな思いを確認するために、深く深くお客様に頭を下げていたんでしょう〟と。

少年時代の思い出話は尽きない。母に加えて、近所にお手本になる女将さんがいた。成田山へ参拝に来た芸能人やスポーツ選手のほとんどが立ち寄る料亭で、街を代表する名店でもあった。ところが、開業当初はみすぼらしい掘っ立て小屋だったというのだ。

「長嶋茂雄さんや、初代若乃花が来たと言えば凄く羨ましいですよね。そして女将さんの店が大きくなるに従って、うちに来店する回数も増え――きっとスーパースターと交わることで、磨かれていったんでしょうね。母と話す世間話も次第に面白くなっていって、ついには人柄から美しい方になっていくんです。一流は、一流同士で高め合っている……。なるほど、仕事をやるとなれば何かひとつの道を究めなければ、と心から思いました」

1 残念ながら奥が、浅い。

上司が見てるからやる、やれと言われたからやる……。

ひらめきに確かな根拠を求め、確立した〝超一流の道〟

そんな人間が美容師になると、どうなるか？　彼は自分の腕を上げていくため、いきなり前人未踏の試みを始めた。

「世の中にどんな髪型があるのか集めてみようと思ったんです。そして、ファッション雑誌を読み漁り、これは新しい、と思うものを片っ端から切り抜いていきました。当時は、今のカラーボックスのようなものはなくて、箱と言えば大きな〝行李〟だったんです。そして、この行李いっぱい写真がたまると、前髪、横、後ろ、と分類し、さらに長さごとに分けていった」

ヘアスタイルの専門学校が開設した研究所に3年間在籍、その後もずっとこの研究を続けた。

だが、疑問もある。なるほど、世の中の髪型という髪型を分類するというのは珍しい仕事に違いないが、美容師と言えば感性の世界だ。科学者が図鑑を作るような手法で腕が磨けるのか？

すると、彼はこんな話をする。

「確かに印象的にはそうかも知れません。私は今でもお店の子たちに〝神業を見せてほしい〟って話すんですが、神業って――集中していると、ぽろっと出てくるものですからね。

しかし、この不確かな〝ひらめき〟ほど、根拠が確かなものはないんです。たとえば、山にこもって、考え続けて、感性が磨かれるってことはないですよね（笑）。必ずひらめくだけの何

かが（と胸を指し）ここに眠っていて、それが、集中している瞬間に目覚めるだけなんですよ。だからボクは、店の子たちに〝いろんなことをたくさん引き出しにしまっておきなさい〟と話しています。行李って話してもわからないから、引き出しにって、ね(笑)」

母親の店で美容師となり、現場に出始めると、また珍しい試みを始めた。髪型のデッサンだ。

「髪を巻くのか、流すのか、切るのか、まとめるのか……自分のイマジネーション通りに作るためにはデッサンしてみるのが一番具体的なんです。あと何より、初めての髪型を試されるお客様にご安心いただけますよね。なのに当時やっている人は少なかったから、ならボクが、と」

さらなる研究もした。当時、ファッションの発信地は何と言ってもパリ。彼は現地の情報を必死で集めたという。

「向こうの雑誌を手に入れるわけですが、船便だと3か月もかかってしまう。思い切って航空便で頼みましたよ。非常に高かったんですが、ボクはお客様に対し〝これが最新です〟と3か月前の流行をお勧めするなんて、できなかったんです」

それはまさに、顧客からは見えざる努力だったに違いない。何と言っても田谷がこの業界に関わり始めたのは昭和30年代なのだ。船便で仕入れた雑誌を最新のモードと紹介しても、何ら不都合はないはずなのに、彼はそれを恥じた。

こんな人物が、世間に埋もれているはずもない。それこそ、名を挙げるための確かな根拠がある、と言うべきだろう。田谷は数々の賞をものにし、母の元から独立。麹町に自らの名を冠した「田谷哲哉美容室」を開業した。それはまさに東京オリンピックが開催された日、1964年の10月10日だったという。

そして、ストイックな姿勢が、彼をさらに別の場所へと連れて行く。彼は時代の最先端を走る人物たちから認められていったのだ。

「印象深い方はたくさんいらっしゃいますが、なかでもピンクレディーのお二人でしょうか。ミーちゃんは顔が角張っているからこの髪型で……なんて提案して、自らのイマジネーションを形に変えていきました。彼女たちにしてみれば、上手にできる美容師なんかは当たり前の存在。望んでいたのは、彼女たち自身を驚かせてくれるような提案者だったんです」

自ら求めるものは、自ら世界を創造する――彼の魔法のような腕は芸能界からファッションリーダーたちにまで認められて行き、田谷は、今の〝カリスマ美容師〟のはしりとなっていく。

だが、これは彼が成し遂げた功績の前半にすぎない。

美容業界を教育産業に変えた夢、その果てしない結末

田谷には、母親への疑問がもうひとつあった。彼がまだ母の店でアシスタントを務めていたときのことだ。たとえばピンが必要になったとする。彼が10種類程度あるピンのなかから、必要そうなものを3本くらい取り出し、母に差し出す。ところが

「ほしいピンがないと、どれか1本を取って、ボクに投げつけるんですよ。なぜ〝これをとっ

2 どんな発想も、ひらめきも、天から降ってくるものじゃないんです。それは胸にしまった膨大な何かが目覚める瞬間だ。

て〟と言わないのか不思議でしたし、冷たいなぁ、とも思いましたね（笑）」

当然、ほかの美容室でも同じような教育が行なわれていることは知っていた。研究熱心な田谷だ。彼は次第に、母親がお客様の右側に来て、この体勢になった瞬間、このピンが必要になる、といったことに体が反応するようになったという。

だが、独立してからも、疑問は疑問としてくすぶり続けた。

「それが古くからの徒弟制度なのはわかるんです。しかし、こんな方法じゃ、育たない人が出てくるのは当たり前だし、だからこそ、この業界にチェーン店が少ないんだと思った。次第に考えが固まっていきましたよ。もし、ボクが自分の技術を体系的に教えることができたら？」

美容業界に、今までになかった大規模なチェーン店を作り出すことができるはずだ。だが、その発想は少々不思議にも思える。田谷が身を置いていた世界は、アーティストの世界と似ているはずだ。果たして、有能な人材が〝教育〟で育つものなのか？

聞くと、彼はこう話す。

「いや、人生というのは目の前にある壁を何枚破ったかで行く先が決まるものですからね」

深い一言が、その笑顔から立ち現れる。

「まず、誰もが壁と思わず、何となく受け入れていることを、壁と意識することが大事なんです。チェーン展開している美容室は少ない。チェーンがあっても、ほとんどが数店だ。だから自分も同じように……じゃあ、壁を壁と認識していない、ということなんです」

彼は話を継ぐ。〝みんな、努力はする。どちらかと言えば、壁が何かを認識するほうが難しい〟。たとえば、お客様とのコミュニケーションが必要だと思ったなら、デッサンの腕を磨けばいいじゃないか。イマジネーションは何となく湧いてくるものか？　いや、これを〝何となく〟で済まさず壁と意識したからこそ、彼は髪型を体系化し、自分のなかに幾多の引き出しを作ることができた。壁を壁と認識し、ひとつひとつ丹念に破っていく。それが彼の、青春の一手だったはずだ。

そして、見渡せばこの世界は壁だらけだった。

「まずは出店です。2号店、3号店と増やしていくなか、ボクは何となく空いている土地に何となく店を出す手法はとりませんでした。物件を見つけると、すべてポイント制で判断したんです」

具体的には、どういうものなのか？

「駅からどれだけ近いか、人通りはどれくらいあるか、1階なのか2階なのか、間口の広さはどうか……これに点数をつけて、ある一定以上なら出店、下回れば店は出さない。調査は徹底してましたよ。隣近所に銀行があるとポイントが下がるんです。なぜか？　3時にシャッターが降りてしまうと、道を通る方に既に眠っている街という印象を与えてしまうんです。同じ理由で、近所に空き地や駐車場がある場合もポイントが下がります」

今でこそ、コンビニエンスストアの出店などで同じような手法がとられているが、当時は良さそうな場所じゃないか、と感覚で決める人がほとんどだった。

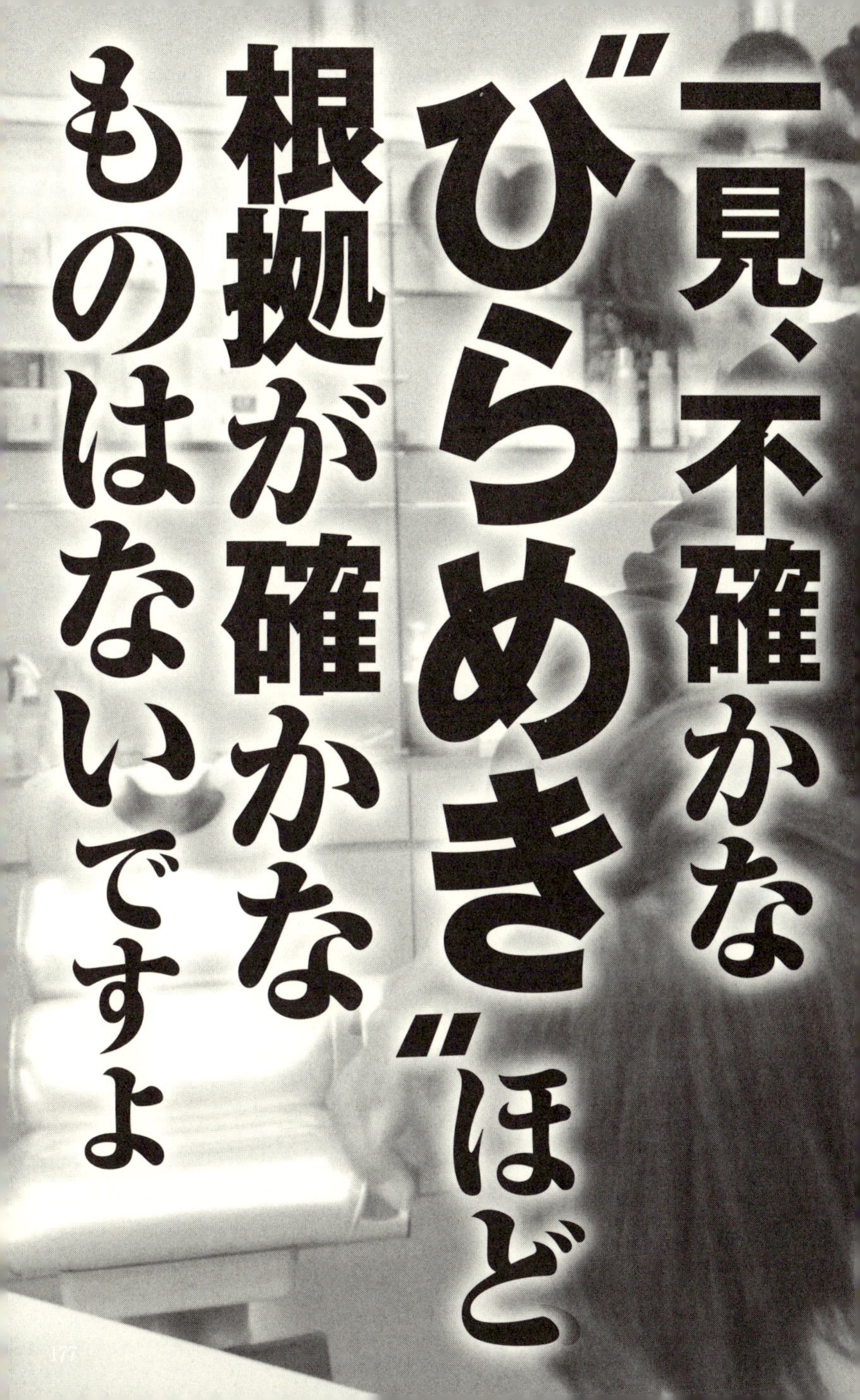
一見、不確かな
〝ひらめき〟ほど
根拠が確かな
ものはないですよ

意識し得た壁は、これにとどまらない。

「あと、沿線で攻めていくことにしたんです。お客様に認知されるためには、同じ沿線に多数の店を出す方が効果的ですからね。さらに、自分なりの視点も加えた。民間活力が伸びていく沿線はどこか？　一部上場企業の役員クラスの方がどの沿線にお住まいかなど、丹念に調べました。ちゃんと傾向がありましたよ。創業者はやはり、田園調布、成城にお住まいの方が多かった。一方、役員の方の数を見ると、東急田園都市線沿線がもっとも多かったんです」

こうして、彼は自らの美容室を東急沿線に次々開店、店の数を次々増やしていった。だが、肝心の話を聴いていない。教育だ。古い考えとも思うが、やはり徒弟制度にはそれなりの良さがあるのではないか？　なぜなら、田谷自身の成長過程がそうであったように、教わることでなく、自ら学ぶことこそが人の成長に繋がるはずだ。その点、徒弟制度は〝学ぶ姿勢を引き出す〟という部分では優れているのではないか？　田谷はこう答える。

「たしかに、教わったことはクリエイティブになりえません。逆に、見て覚えたことは、創造性が豊かですね」

ならば、徒弟制度を肯定しているではないか？　しかし、彼は話を継ぐ。そんな質問はとっくにわかっていた、という具合に。

「しかし、現状を肯定してはいけない。ボクはその壁を破らなければならなかったんです。美容師の技術はたいてい一代限りで終わってしまいます。仮に美容師が業界の資産となるような知識を持っていても、次の時代の人は再びゼロから始めることになるんです。しかし私がビジネスとして展開すれば、若い人たちが、あらかじめスタート台のあるところから始められますよね。そして更に磨かれたシステムを作り、次の時代の人に渡せばいい。そしてまた次の人に……。この積み重ねを考えたとき、胸が躍ったんです」

彼は話す。〝きっと人生というのは、自分の能力を開花させ続ける過程が、もっとも面白いんです〟。

こうして、技術の継承と独創性、背反する要素を繋げる教育が始まった。彼は自らが若手を指導するなかで、ひとつひとつ、小さな壁を破っていく。

「たとえば、ボクは突然〝カラスって白いよね〟と話します。何のためかわかりますか？」

くすくす笑いながら聞かれた。とりあえず〝いえ、黒です〟と答えてはならないことだけは想像がつく。

「そうですよね。だからみんな〝ええ、白いですね〟と答えますよ。ボクはさらに〝なぜ白いんだい？〟と聞く。すると、いろんな名理論、珍理論が出てくるんですよ(笑)。そしてボクは、思いついた人全員の話を聞いたあと伝える。そのすべてが正解であることを、ね。人間の生き方が一人一人違うのも、きっと同じ問いから別々の答えを見つけるからなんです。それでいい。ボクは自分が今まで学んできたことをすべて伝える。だから、君たちはそこからさらに新しい答えを見つけてほしい――」

彼の手により〝修行〟はより洗練された〝教育〟になり、それは対話へと進化していった。

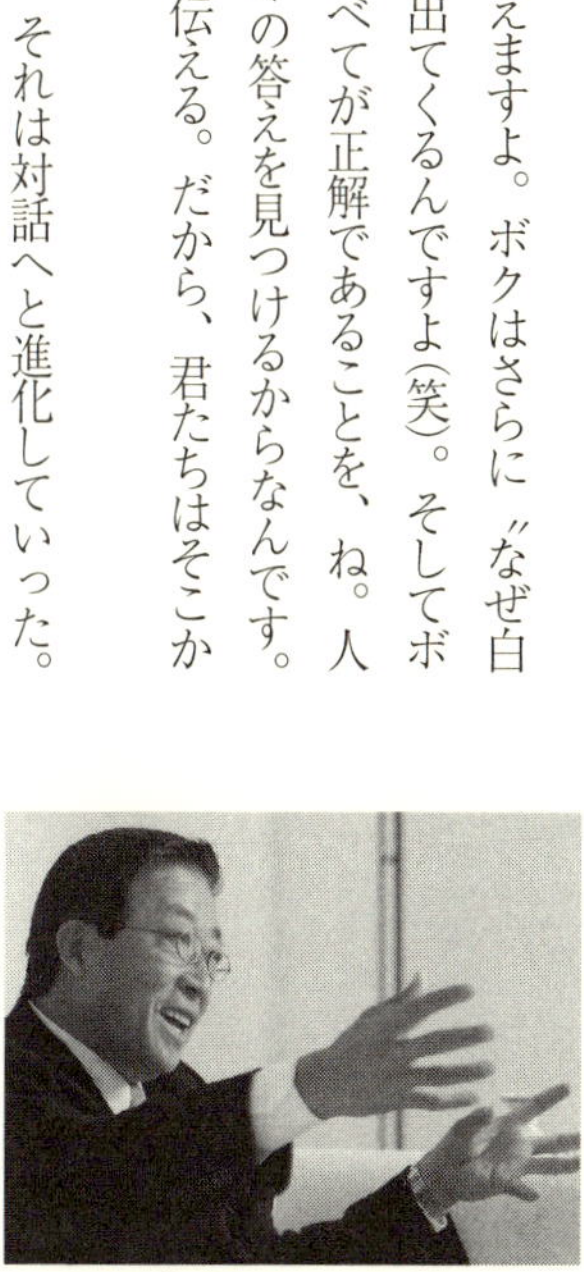

4 珍理論でいいじゃない。人間が一人一人違うのは、同じ問いから別々の答えを見つけるからだし、創造って、そこから始まるんだ。

田谷は何かを伝えるとき、できるだけ狭い空間で行なうという。熱がこもってなければ、すべては虚しいからだ。お客様とのコミュニケーションがどれだけ重要かを計るために、お店の技術者たちと一緒に壮大な実験もしてみた。何とお客様1000人に電話をかけたのだ。

「実験と言ってもだいたい3分以内で終わるから、費用は1万円程度なんです(笑)。でも、非常に面白いことがわかった。〝次への勉強として、どうぞ、ご不満の点をおっしゃってください〟とお話しすると『パーマがしっかりかかりすぎている』とか『ちょっと短かった』といったお声ばかりで、美容師の技術が下手だ、という声は1件もなかったんです。なんだ、我々がやっているのはカウンセリング業じゃないか！　そんな話をすると、みんなの目が輝く」

ともに考える、ともに学ぶ、それが学校教育でなく、固陋《ころう》な徒弟制度を破るものとして生まれたのが興味深い。そして、目を輝かせた人間たちは、彼の独創的な理論を、砂が水を含むように吸収していった。彼は開店から9年後の73年、この教育をもシステム化するために『タヤ・ヘアーデザイナーアカデミー』を発足させる。

「ここで役だったのが、20年くらい前に始めた、髪形の研究だったんです。現場にいた当時『前髪って何種類あるんだろう？』などと考えてためてきた知識と理論が、まるで玉手箱のようだった。ショート、セミロング、ロング……分類立てて説明すると、美容師からお客様への提案が驚くほど豊かになるんです」

そして、時を超えて開いた玉手箱からは、さらなるものが飛び出していった。分類立てたものから先には、無限の進化があるはずだ。

彼の教えから、若い人が世界の舞台へと飛び立っていった。たとえば顔のパーツの形に合わせ、髪型を理論的に考えていく技術者が生まれ、独創的な道具の使い方を見せる人物が生まれ、さらには速さと巧さの両立を追求する美容師など、田谷の理論をさらに進化させていく人物が生まれた。著名な大会の優勝者を何人も輩出した。

田谷は、パリなど世界の舞台で、何度も後進の美容師を祝福する機会を得る。同時に、彼は優秀な美容師にマクロ的な視野を持たせるため、90年には業界初となる統計的な白書「現代女性のヘアスタイル白書─当世女髪型気質」を編纂。さらには業界を揺るがす大型サロン「GRANDTAYA」を銀座にオープンさせるなど、常に〝その先〟へと向かっていく。

そして、これこそは子供の頃の自分の究極の目標でもあったはずだ。まだ小さかった田谷は、近所の女将を見て〝一流に交わることが、一流を作っていく〟と実感した。そして彼自身、芸能関係者に鍛えられて、その存在を大きくしていった。そしてついには、自らが一流として多くの若者と交わり、彼らを世に出していったのだ──。

彼の、物静かな語りは終わらない。

「97年には、水商売と言われていたこの業界で、初めて東証に上場しました。今や、3000人近くの美容師を抱えるまでになることもできました。しかし、まだまだ壁はあるんです。まだ自分に見えていないだけで、やるべきことはたくさんあるはずなんですよ」

TAYAで独自に研究・開発した
オリジナル商品の数々

幻想的な空間のなかで最高級のリクライニングチェアに横たわり
ヘッドマッサージを受けられるスパルーム（GRAND TAYA 銀座店）

田谷会長に質問！

Q.1 読書は？

週に3冊くらい読みますね。実は、1冊の本から学べることって2行くらいのこともあるんです。しかし、週に3つなら、月に12個、年になると100を超える何かが学べる。

Q.2 最近の習慣は？

毎年8月はバカンスをとっています。といっても、その間に一流ホテルのサービスなどに触れ、いろんな“ひらめき“を得て帰ってきますからね。みんなは毎年9月になると、会長が何言い出すかってびくびくしてるんじゃないかな（笑）？

Q.3 最近、お店の人に言っていることは？

目をつぶって、月曜から金曜まで、何時にどなたがいらして、どんなメニューを選ばれ……と全部言えますか？　と聞いています。これができる人は、マネジメント能力がある。そこから、人の動きやお店として無駄だった時間を割り出せるから。

Q.4 若い頃から続けている趣味などは？

実は、ないんです。何十年も前から、美容の研究が趣味でした（笑）。

Q.5 現在の主な業務は？

いろんなお店を見て回り、技術者たちと個人的な交わりを持つことです。

Q.6 最後に、成功の秘訣は？

飽きないこと。ずっと飽きずに続けること。だって、ボクがやってきたことだって、種明かしすれば誰にでもできそうなことでしょ（笑）？きっと、あなたにもできますよ。

株式会社田谷　代表取締役会長◎田谷哲哉　元祖『カリスマ美容師』

意識し得ない壁を見よ

自分が大好きなホームページ『ほぼ日刊イトイ新聞』で、糸井重里さんがこんな話をしている。「～学生の子なんかはこういうことを憶えておいてほしいなぁ……ほんとうにやりたいことを実現させたいときには、キミが描いてる地図の大きさをあと4まわりくらい大きな紙にしたほうがいいぜ（中略）そうすると、こわいことも増えるけども、ただのホラ吹きじゃなくなるよ。きっと」。

人間は何にでもなることができるはずだが、自分が想像した以上のものになることはできない。他者が意識し得ない壁を見る。それはまず――ありきたりな言葉だが――大きな夢を見ることから始まることでもあるのだろう。

田谷哲哉と／株式会社田谷の歩み

1973年／開業から9年後『タヤ・ヘアーデザイナーアカデミー』を発足。

1975年／香港で「田谷哲哉ヘア・モードコレクション」を開催。翌年以降、毎年アジア各都市にて「全アジア・ヘア&メイクアップコンテスト」を開催。美容界に功績を残す。

1983年／ヘアデザイナーの第一線から引退し、以降、マネジメントに専念。

1986年／横浜にトレーニングセンターを開設。

1988年／TAYAアーティスティックチームがロンドン・ワールド・ヘアドレッシング・コングレスより日本代表として招聘される。現在までに計7回出場の栄誉を誇る。

1997年／業界初の株式店頭公開を果たす。

2000年／東京・原宿に現在の本社自社ビルが完成。

2001年／東京証券取引所1部上場。

2003年／会長職に就任。

現在、株式会社田谷は原点とも言えるブランド『TAYA』、髪型を気軽に着替えられる低価格チェーン『Shampoo』などを全国に展開している。詳しくはホームページ　http://www.taya.co.jp/　まで

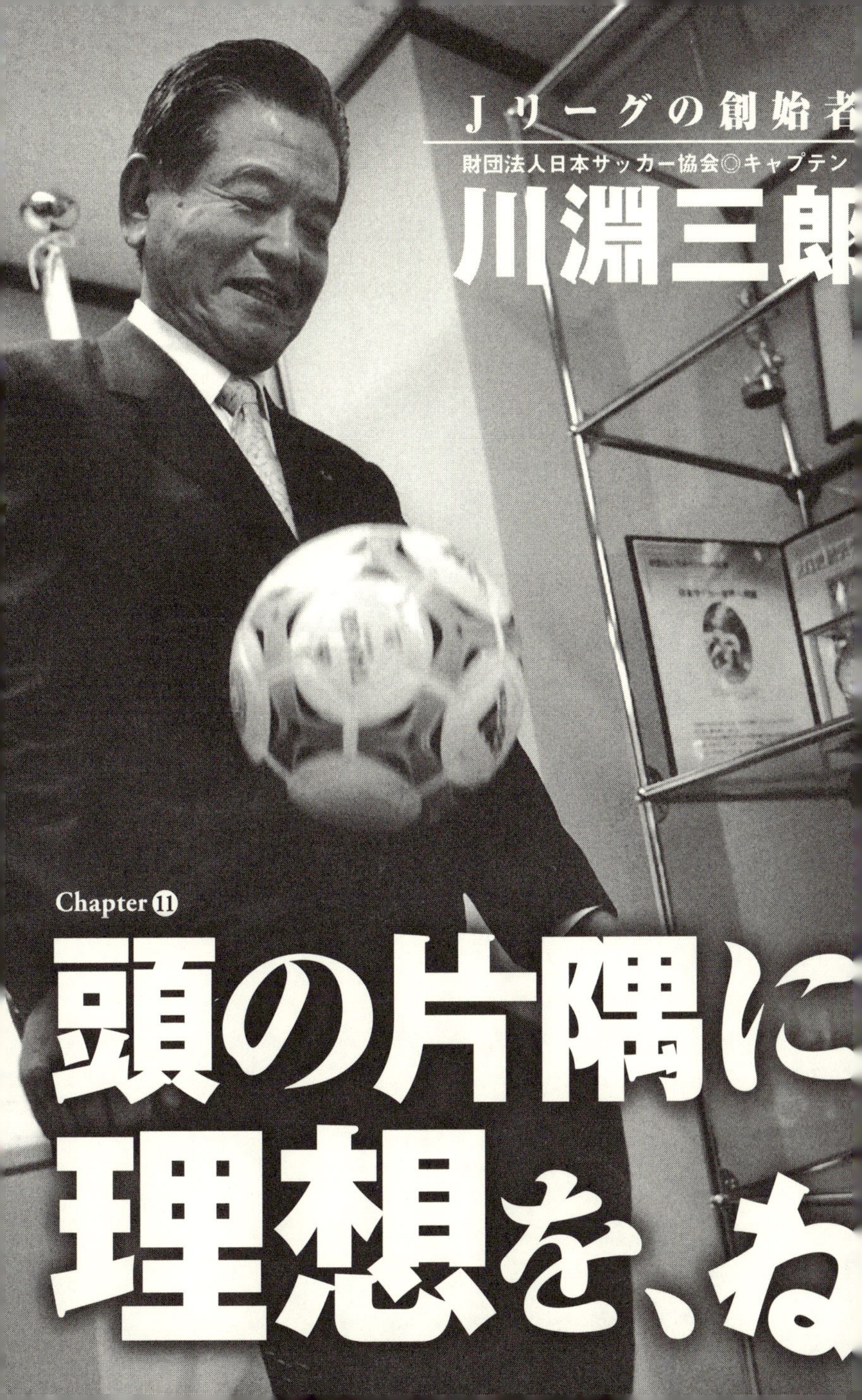

Jリーグの創始者

財団法人日本サッカー協会◎キャプテン

川淵三郎

Chapter ⑪

頭の片隅に理想を、ね

Jリーグチェアマン、日本サッカー協会のキャプテンを歴任し、
サッカーはもとより日本スポーツ界全体に
改革の嵐を呼んだ人物、川淵三郎――。

彼がサッカーを国民的スポーツの地位に押し上げると同時に、
スポーツ全体を、ビジネスを越えた「文化」の地位にまで
高めようと考えたのは何故だったのか？

今も疾走を続ける、元・快足右ウインガーに人生の光芒を聞いた。

川淵三郎《かわぶちさぶろう》の歴史

1936年　大阪府高石市生まれ。高校時代にサッカーを始める。

1957年　早稲田大学に進学。在学中、日本代表に選出され、
翌年にはローマオリンピック予選出場、翌々年にはチリW杯アジア予選出場。

1961年　古河電工サッカー部でプレー。

1964年　東京オリンピック出場。

1972年　現役引退、社業を勤めながら古河電工サッカー部監督に。
（以降の情報はインタビューページのあとに掲載）

「フツーの会社で営業でもやれば、そこそこ食っていけるかなぁ、って思ってた（笑）。夢のない子供だったんだよな」

意外な言葉だった。日本サッカー協会キャプテン・川淵三郎――『地域に根ざしたスポーツ文化を』『日本中の小学校に緑の芝を』といった理想を掲げ、Jリーグを単なる〝プロサッカー〟でなく、スポーツ文化発展の牽引役として立ち上げた人物だ。こんな大きな仕事を『少年時代には夢がなかった』人物が成し遂げられるものだろうか？　ところが彼は、こう話を継ぐ。『そもそも、サッカーだってやりたくて始めた訳じゃないしね』と。

「高校1年の時、サッカー部の連中が頭数に困って、運動が得意だったボクを『西日本大会についてくれれば高松に行ける』って誘うんだ。当時は国内旅行もままならない時代だったから、喜んで行くことにした。で『前に蹴りゃエエんやー！』と教わっていきなりレギュラー（笑）」

川淵がサッカー選手としての目標を持ったのは浪人中のことだという。部活の仲間とチームを作って都市対抗選手権に出ると、これを思わぬ勢いで勝ち抜き、決勝で日本代表選手を5人抱える名門クラブと当たることになった。

「その試合で、意外なことに相手とまったく引けをとらない勝負ができたんだ。そこで初めて〝これなら自分も代表になれるんじゃないか？〟と思った。逆に言えば、当時、日本サッカーのレベルはその程度だったってことでもあるよね」

大学進学後、今度は自分の意志でサッカー部に入った。そこで彼は目標通り代表入りを果たし、4年生のとき、東京五輪に向けたサッカーチーム強化のため、ドイツ遠征に参加する。

ここで、彼は生涯目に焼き付く風景を見た。

「デュッセルドルフ近郊の小さなスポーツ施設を訪れたときのことだ。野ウサギが住む、森に囲まれた綺麗な芝生で、小さな子供たちが転がり回りながらボールを蹴っているのを見た。体育館では低いネットを張って障害者がバレーボールを楽しんでいた。あのとき、初めて〝スポーツをエンジョイする〟ってことの意味を教わった気がしたね。と同時に、１００年経っても日本にこんな時代は訪れないだろうなぁ、とも……」

充実した会社員生活、そして日本サッカーへの深い絶望

それは人生観を変えるほどのショックだったが、当時の彼が何か行動を起こせるはずもない。だが、川淵はこう振り返る。

「人間はそもそも自己中心的な生き物だし、それはそれでいいと思う。しかし、頭の隅に少しでも『よりよい社会』とか『日本や世界の未来』なんてものを置いておくと、ふとした瞬間、大切な何かを見たり、感じたりすることができると思うんだ。実際、同じ施設を見ても、『へぇー、障害者がバレーボールね』で済ましてしまう人だっていたはずだしね」

心に埋まった種が芽吹くまでには、まだ数十年の歳月が必要だった。川淵はその後、現在のジェフ千葉の前身でもある、古川電工サッカー部に入部。27歳の時には日本代表として、伝説のFW釜本邦茂、のちにジュビロ磐田の基礎を築く杉山隆一らとともに東京五輪出場を果たす。川淵は快速右ウインガーとしてピッチを駆け、強豪・アルゼンチン相手に起死回生の同点ヘッドと逆転アシストを記録するなど大活躍。この時期を振り返る短い言葉にその充実感がにじむ。

「まぁ、オリンピックまでに8000時間くらい練習したけど、自分らしいプレーはたった20秒だけだったね……」

それは幸せなサッカー人生だったに違いない。しかし、30歳のときに左足靱帯を切って代表に選ばれなくなると、川淵はサッカーから身を引いていく。

というより、引かざるを得なかった。

「当時は、日本代表のボクでも仕事を抜け出してサッカーに行く環境だったからね。代表の海外遠征に参加する必要がなくなれば、仕事に打ち込むのが当然だった。サッカーで飯を喰おうだなんて想像もしなかったね」

引け目もあった。古川電工は名門中の名門と言われていた企業だけに、当時、社員のほとんどが東京大学や一橋大学を卒業したエリートばかり。『サッカーで入社した私大卒に仕事はできない』などと言われる訳にはいかなかったのだ。『伸銅事業部販売部』に異動した川淵は、冷蔵庫・クーラーなどに使われる薄い銅を百戦錬磨の問屋相手に必死で売りさばく。銅を扱う営業は社内でも特別に難しい仕事と言われていた。国際市場に反応して価格が乱高下するから、問屋は値が安い時に大量発注してストックにかかる。しかし古川としては、工場の生産量が月ごとに大きく変動するようでは困る。

「毎日、綱渡りのような交渉だよ。『社で検討します』なんてのんきな話をしてたら、その間

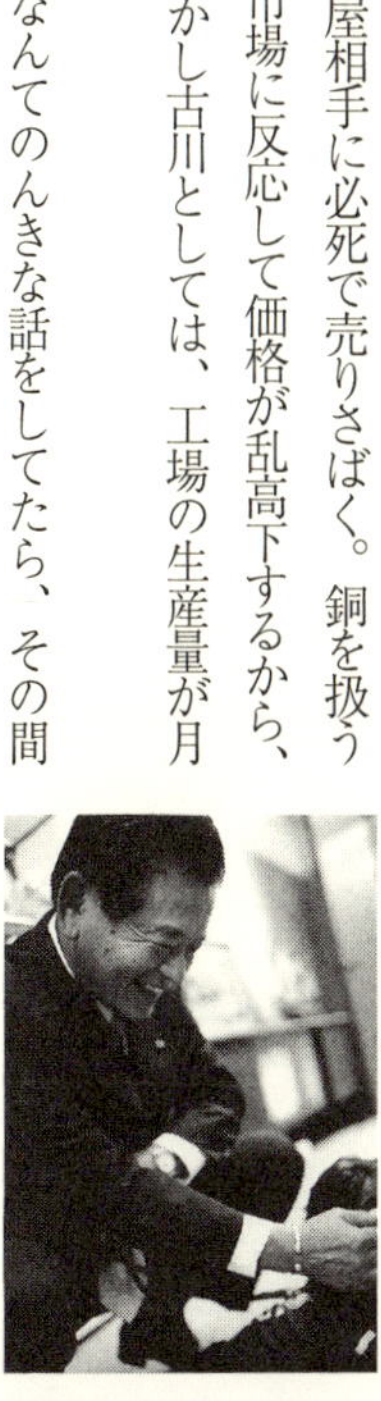

1

人間はそもそも自己中心的な生き物だし、それはそれでいいと思う。
しかし、頭の隅に少しでも『よりよい社会』とか『日本や世界の未来』なんてものを置いておくと、
ふとした瞬間、大切な何かを見たり、感じたりすることができるんだ。

に銅の相場が変わってしまううえ、他社へ発注を持って行かれる可能性もある。かといって即決すれば、上司に『こんな大量に生産できるはずないだろ！』と怒鳴られる……」

脅され、すかされ、翻弄されるうち、川淵は営業マンとしての自分を確立してゆく。

「もう、板挟みになっていても仕方ないと思ったんだ。そこで、筋さえ通せば物怖じすることなどない、と自分で決めた。自分が売ると判断したなら売る、売っちゃいけないと思ったなら売らない。いろいろ上司に言われるとしても、自分の判断を信じる以外にないじゃないか」

一方、サッカー選手としては30代半ばで引退、その後、倒産寸前の関連会社を再建するなど、川淵はビジネスマンとしての実績を身につけていく。一方、サッカー界でも彼は古川電工のコーチ・監督を務め、ロサンゼルス五輪の強化部長などを歴任するが……。

こちらは、充実した会社員生活に比べると空回りが目立った。

「テレビの解説で試合を見ると、フェアプレーとはほど遠いし、1点リードすれば必ずバックパスで時間を潰す。『こんなサッカー誰が見るものか』と内心、絶望していた。思い切って協会に改善策を出したが取り上げてもらえない。日本のサッカーなんかクソ食らえと思ったよ」

サッカーのプロ化――真っ暗闇からのスタートと広がった晴れ間

川淵に聞いた。サラリーマン時代には、それが将来何に役立つか分からぬまま、目の前の仕事と必死で格闘した。一方でサッカー、ひいてはスポーツ文化の理想を思い描き、現状との差に絶望することもあった。だが、そんな日々があったからこそ、あなたはＪリーグ開幕に決定的な役割を果たせたのではないか。東京オリンピックを前に、8000時間の練習があって、初めて本番で20秒間〝自分らしいプレー〟ができたように……。

「上手いこと言うね。たしかに、どこに行き着くかなんて気にせず真剣になったり、絶望したり……。そんな時間があったからこそ、自分に巡ってきた機会を捉えることができたのかな」

〝巡ってきた機会〟――'88年、川淵は日本サッカー協会からJSLの総務主事就任の打診を受けた。当時のJSLは平均観客数2000人程度。ようやく『このままでは限界』と言われ、一部でプロ化の議論も巻き起こっていた。同時に、川淵は偶然、会社から関連会社への異動を命じられる。取締役としての出向だから悪い話ではなかったが、それは『出世はここまで』と先が見えるポジションでもあった。

それは人生のセカンドハーフで不意に巡ってきた選択の機会だった。

「結局、自分らしく生きられるのはどっちだろうって考えたよね。結論はこうだ。自分のなかに積もり積もってるものがあるんだったら、未来が分からないものに向かって行った方がいい」

46歳の快足ウインガーは、ボールをバックパスすることなく前線に放り込むことにした。サッカーのルールより先に教わった『前に蹴りゃエエんやー!』という言葉に、人生という試合を面白くする原理を見たかのように。

川淵はすぐに行動に移った。

2『前に蹴りゃエエんや!』

迷ったなら、未来が分からない方に向かって、進んだ方がいい。

長い人生、
あっちにぶつかり、
こっちに

ぶつかりするうちに、何かできる機会は必ず巡ってくる。

ボクを見てよ。たとえ50歳からでも夢が叶うんだから——

「考えてみれば、観客が入ろうが入るまいが給料は同じ、サッカーを続けていても将来何があるわけでもない……これで感動的な試合しろと言う方がおかしいよ。やっぱり選手たちに〝オレにはサッカーしかない〟って熱い思いがなきゃ」

それまで『こんな試合でプロ化など笑わせるな』と思っていたが、〝こんな試合〟しかできない環境を変えるのが先決と考えた。

手始めに国立競技場を観衆で満杯にすべく動いた。

当時は天皇杯の決勝ですら観衆は2～3万人。そこで、当時から強豪だった日産、ヤマハ、読売などの試合が行なわれる2月26日にターゲットを定め、関東の少年サッカー指導者に『招待券を配るから観客を募ってほしい』と要請、同じ手紙に『日本のサッカーをアピールしたい』という熱いメッセージを同封した。

このとき、今に至る信念が芽生えた。

「そのとき、10万人を超える応募が集まったことに心から驚かされた。それまで〝サッカーは日本じゃ根付かない〟なんて言われてたけど、初めてそんなことはないって自信が持てたよ。世界で最も愛されているスポーツが面白くないわけがないじゃない！　ってね」

応募が集まりすぎたことを説明し、断腸の思いで招待客を5～6万人に調整した。そして迎えた試合当日――彼はこの日の怪しげな天気が今も忘れられない。

「前日からの豪雨で、ボクが車で国立競技場に向かっているときも空は真っ黒だった。ところが、遠くの空に青く晴れているところがポツンと見えたと思ったら、それがみるみるうちに広がって試合開始のときには快晴になったんだ。遠方の招待客が荒天を避けたせいで観客は減ったが、それでも4万2000人が集まった」

　この後、川淵は誰に言われたわけでもなく会社に辞表を提出した。

「あのとき初めて、自分は夢を持ったんだ。と同時にこう考えた。選手がサッカーに打ち込める環境を作ろうって言うんだから、まずは自分が逃げ場を捨てないと……。会社は『籍を置いたままでいい』と言ってくれたけど、厚意はあえて断った」

　2足のわらじを捨てた川淵は、様々な思惑が入り乱れる世界を際どくまとめ上げていく。

　まずはプロ化検討委員会を立ち上げるべく動き始めた。だが、ＪＳＬのクラブは数チームを除いて全て反対に回った。

「しかも讀賣の責任者から電話があって『今プロ化なんかしたら大変なことになる。野球でさえ黒字のところは少ないのに』と横やりが入った。讀賣は、自分たちが主導権を握った上でのプロ化を視野に入れてたんだね」

　プロ化を企業の手に委ねてはいけない——川淵は思い切って議論からクラブの責任者を外し、これをサッカー協会の内部事項とした。と同時に、彼は関係者の度肝を抜く施策を発表する。新リーグに加わる場合、クラブから企業名を外してもらう。加えて、最低でも1万5000人は収容できるナイター施設付きのスタジアムを確保すること。

3

初めて夢を持ったとき、自然と、会社を辞めた。なぜなら、思ったんだ。

逃げ場なんか要らない、とね。

「Ｊリーグはただサッカーの試合をするだけでなく、誰もが生涯を通じてスポーツを楽しめる環境づくりを目指すと宣言した。同時にこんなことも考えた。サポーターが気安くボランティアやユースチームに加わるためには、やはり企業名を外すべきだ。地元にホームチームという意識を持ってもらうためにも、スタジアムの確保は不可欠。ほか、ピッチは常緑の天然芝、クラブはユースチームを設立すること……さすがにもう、非難囂々だよ(笑)」

そのとき、川淵を支えたものは若い頃に見たあの景色だった。緑の芝で子供がボールを蹴り、障害者もスポーツを楽しむ……考えてみれば、今まで日本になかったものを作ろうというのだから反対がない方がおかしな話だ。

川淵は正直に『時代も味方した』と笑う。

90年当初、日本経済はバブルの頂点にあり企業は収益の社会還元を問われていた。そんな雰囲気のなかで、なんとか『企業名の件はともかく、理念は悪くないから金なら出していい』程度の理解は得られた。

川淵はサラリーマン時代に身につけた交渉術を遺憾なく発揮する。今度は会社のためでなく、自分のためでなく、純粋に日本サッカーのために。

「状況を考え、企業名を外すまでに5年間の猶予をもうけることにした。これは持って行き方が上手かったね。だって5年経てば社長も責任者も変わるでしょ(笑)？　とりあえず企業名が出せれば今の責任者のメンツは立つ、5年経てば別の責任者に『そういうことになってますので』と言えばいい」

ヒアリングを通じ、参加条件を満たしてないクラブは容赦なく開幕メンバーから落とした。

初め『1万5000人収容のスタジアムなんてどのチームも無理だよ』とたかをくっていたクラブが一斉にスタジアム確保に動き出した。

川淵の強引さを非難する声も挙がった。しかし、Jリーグ参加を見送る有力クラブもあった。しかし、川淵は動じなかった。

彼は興味深い持論を展開する。

「本気で何かを実現したいなら、迷いを見せちゃいけない。例えばAの方向に行きたいとするだろ？　『しかし、Bとのバランスをとりながら』なんて条件を付けると、結局『Aの方向に行こう』という一番大事なことがあやふやになる。こうと決めたらこう、それだけ。丸めちゃいけないんだ」

突破力――川淵が見せた本気に、企業は一斉に動いた。これが意外な展開を呼ぶ。トヨタ、住友金属などが、川淵の考えに賛成を表明、開幕1年目から両社共にロゴマークさえ使用しないと言うではないか。

「結局、大声で言い続ければ誰か賛同してくれるものだな、と思ったね（笑）。正直、これは助かった。日本人って誰かが動き出すと一気に動くじゃない。結果的に、他の企業も次々と開幕時から企業名を外してくれたよ」

本気で何かを実現したいなら迷いを見せちゃいけない。他人にも、自分にも、ね

例えばAの方向に行きたいとするだろ？『しかし、Bとのバランスをとりながら』なんて条件を付けると、結局『Aの方向に行こう』という一番大事なことがあやふやになる。こうと決めたらこう、それだけ。丸めちゃいけないんだ。

そしてこの話は冗談のような展開をも生む。企業名まったくなしでは広報とは認められず、すなわち経費としても認められない……川淵と国税庁が調整した結果、せめてロゴマークは入れるという方向で話が進み『今度はボクが、名古屋、鹿島の担当者に『せめてロゴは入れて欲しい』と逆の折衝をすることになった』と彼は笑って話す。

こうして、プロ化検討委員会発足から約4年という驚異的なスピードでＪリーグは形を整えた。関係者全員が見守るなか、開幕前日のリハーサルで川淵は男泣きに泣く。このときには既に日本中が開幕を心待ちにしていた。

今考えれば、それが単なる〝プロ化〟ではなく、何らかの〝挑戦〟だったからこそ、世の中の注目を集めたのではないか。例えば、現在の大阪ダービーが〝ヤンマー対松下電器〟だったら？　相変わらず、枯れた芝の上で試合が行なわれていたら？　国立競技場などを転々とする、ホームスタジアムがないクラブばかりだったら？　その後の事例も数え上げればきりがない。サポーターはチケットのもぎりやスタジアムの清掃でクラブに参加し、各チームは子供から大人まで楽しめるチームを作ってサポートに応えた。今や、校庭の芝生化は全国で静かなブームになっている……。

それは、一人の胸に宿った思いが世の中を変えるという証明だ。

最後に川淵に聞いた。

例えばコンビニの駐車場でたむろしてでもいい、仲間と車座で酒を飲みながらでもいい。『オレ、このままじゃいけないと思うんだよね』などと悩み続けるうちに、こういう機会は……

彼は質問を遮って力強く言った。

「絶対あるよ！　長い人生、あっちにぶつかり、こっちにぶつかりするうちに、何かできる機会は必ず巡ってくる。ボクを見てよ。たとえ50歳からでも夢が叶うんだから――」

川淵キャプテンに質問！

Q.1 日本サッカー協会に代表のユニフォームを着た犬がいるのは？

手嶋広報部長のミニチュアダックスフント、ロンメルくんだ（笑）。家庭で癒しが必要なように、職場でも癒しが必要だよ（笑）。

Q.2 日本サッカー協会の改革も進めていらっしゃるそうですが？

自分が就任してから、協会では「双方向」と「スピード」というふたつの方針を掲げている。

Q.3 「双方向」とはどのような意味ですか？

すべてをオープンにして、サポーターやメディアからの働きかけに対して積極的に動く、ということ。

Q.4 意見を言う場はあるのですか？

自分がキャプテンに就任してから、サポーター担当の電話窓口を設けた。

Q.5 最後に、なぜまわりの人は川淵さんに着いてきたんだと思いますか？

やっぱり、純粋だからじゃないか（笑）？

頭の片隅に理想を

実を言うと〝理想〟は最強の交渉ツールでもある。例えば、あなたが誰かに『力を貸してほしい』と頼まれたとしよう。くだらない交換条件などを出されるより、それが『社会のため』『日本のため』『世界のため』であることを滔々と語られる方が胸に響かないだろうか？　人間は私利私欲の生き物に違いない。だが、私利私欲だけに生きる人生がどれだけ虚しいかも心の底で知っているのだ。

この社会は、そして企業は、冷徹な資本の論理で成り立っているに違いない。だが、人間の心のすべてが資本の論理で成り立っているわけでもない、ということなのだろう。

川淵三郎と日本サッカーの歩み

1988年　日本サッカーリーグ1部総務主事、財団法人日本サッカー協会理事に就任、プロ化に向け動き出す。

1990年　プロリーグ参加条件決定、20団体より参加希望の回答あったがこれを減らすなど川淵が奮闘。

1991年　社団法人日本プロサッカーリーグ（Jリーグ）チェアマンに就任。翌年、Jリーグの前哨戦となる「'92Jリーグヤマザキナビスコカップ」開催にこぎ着ける。

1993年　5月15日、Jリーグ開幕。プロサッカーとして初のリーグ戦「'93Jリーグサントリーシリーズ」がスタート。

その後、日本サッカーが強化されるだけでなく、各クラブが少年の育成やボランティア団体の設立に動くなど、川淵が打ち立てた理想は、確実に後進の進むべき道を照らしている。

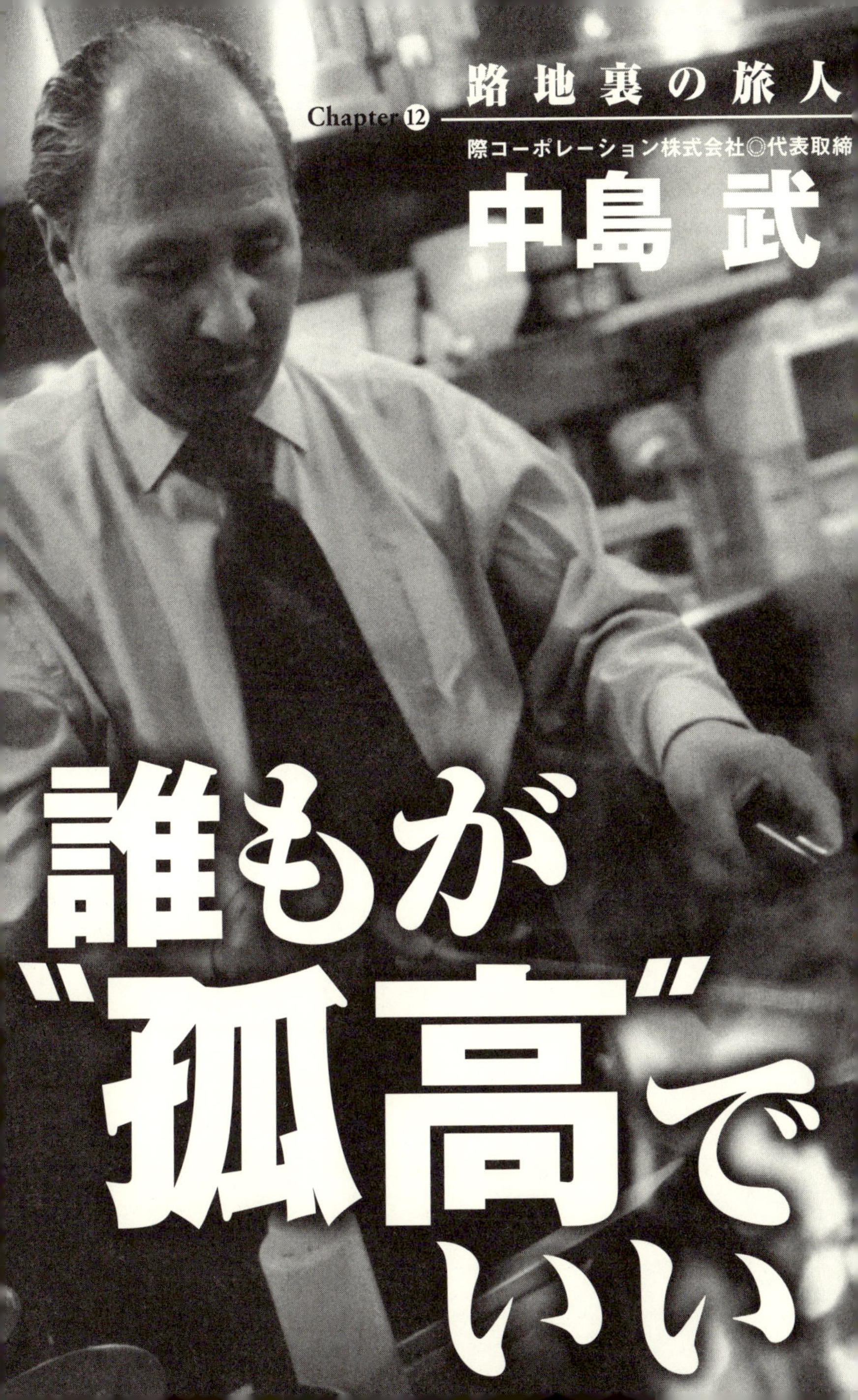

路地裏の旅人

Chapter 12

際コーポレーション株式会社◎代表取締

中島武

誰もが"孤高"でいい

大資本、経営効率、立地条件……商売を成功させるための
常識とされる条件を真っ向から否定する人物がいる。

際《きわ》コーポレーション・中島武。

個人の資産と感性を頼りに『紅虎餃子房《べにとらぎょうざぼう》』『胡同四合坊《ふーとんすーふぉーふぁん》』『万豚記《わんつーち》』を
はじめとする年商194億円超(FC売り上げ含む)の
レストラングループを築き上げた
根っからの反逆児だ。彼は語る。

「他人と同じことはしたくない。間違っているのは
自分じゃなく、みんなかもしれないじゃないか」と――。

中島《なかじま》 武《たけし》の歴史

1948年 福岡県生まれ。少年時代を米軍基地の街、東京都福生市で送り、海外のファッション、食文化に興味を持つ。

1970年 拓殖大学商学部を卒業。

1972年 金融会社『東洋ファクタリング』に入社。取締役として活躍しつつ会社経営のノウハウを学ぶ。

1983年 独立のために退社し、福生市に衣料品の輸入卸店などを設立。

1990年 際コーポレーションを設立。
(以降の情報はインタビューページのあとに掲載)

※売り上げの数字等は2005年10月31日現在のものです

たった数軒のチェーン店を多数抱える、独自のスタイルで伸びてきたレストランカンパニー、それが『際コーポレーション』だ。主力店『紅虎餃子房』が全国に83店舗（うちFC14店舗）、『万豚記』が全国に41店舗（うちFC10店舗）あるのを例外として、中国料理『胡同MANDARIN』、和食『葱や平吉』など、2～8店舗しかないブランドや、単店舗のブランドを計70業態以上経営する。

一見、非常に効率の悪いシステムにも感じるが、逆にこの会社が〝飲食業の世界に新しい潮流を巻き起こした〟とまで形容される快進撃を見せているのが興味深い。では、凡百の経営者に見えず、この会社を築いた人物だけに見えたものは何だったのか？

不敵な笑みを湛えて語るのは、代表取締役・中島武。彼は首都高3号線を見下ろす洒落たオフィスのソファに腰掛け、悠然と語り始めた。

「実はボク、飲食店の経営って全く知らないんですよ。どこにも勤めた事はないし、ほかの店から詳しい人間を引っ張ってきたわけでもなかったしね」

〝だから〟と彼は苦笑して話を継ぐ。

「実は最初の店で思いっきり外して、会社を潰しそうになったくらいなんです。東京の福生という街でアンティークや雑貨の店を経営するかたわら『韮菜万頭《にらまんじゅう》』という2坪くらいの店を出したんですが、まる2年間ずっと赤字だった。香港の油麻地《やおまーてぃ》という街の路地裏でとびきりおいしいニラまんじゅうと出会い、何かに取り憑かれたかのように現地へ通って、やっと味を自分のものにして出した店だった。ところが〝韮菜万頭〟なんて言っても日本では誰も知らないじゃないですか（笑）」

経理の担当者に何度も『社長、もういい加減にやめて下さい』と言われた。そのたびに『いつか儲かるよ』と誤魔化した。ちょうどバブル経済が崩壊したばかりで『韮菜万頭』の赤字を他の店がカバーするにも限界が来ていたのだ。

「どう考えてたって、経理の人間が言うことの方が常識的な意見だったと思います。正直、ボクも自信をなくしかけたことがありましたしね。ところがこの店が、ある月を境に火がついたように儲かり始めた。口コミで街のウワサになってたらしいんです。そして、一度点火してしまうと、お客さんがすごい行列を作り始めたんですよ」

この成功を〝目の付け所が良かった〟とか〝研究の成果〟などと単純に済ますのは早計というものだろう。そこには確固とした戦略、というより信念があった。

「きっと、ニーズや流行ってのは調べるものでも、追いかけるものでもなく、自分が何かを信じて、作り出すものなんですよ。それはきっと、人の言うことを聞くのとは、正反対のマインドなんでしょうね」

拓殖大学の応援団長として団員を統率
竹槍を持つ左翼集団に先頭切って突撃した若き日

彼の言葉を逆にとれば、自分の思い込みだけで突っ走る〝ワンマン社長〟の典型に見える。斬新なアイデアで時に熱狂的な支持を受けるが、ひとつ間違えば周囲や市場の声を聞き取れずに大失敗――そんなパターンと紙一重のようにも思える。

だが、この絶対的な自信こそ、人が社会のなかで次第に摩滅させていくものでもあるのだろう。そして実際に彼の幼少期は、この自信とは裏腹の危うさとともにあった。

「実はボク、幼稚園児の頃、自閉症だったんです。たとえば先生に指されても、みんなの前で本を読むことができなかった。決して字が読めないわけじゃなく、みんなと同じように読むのがたまらなく恥ずかしかったんです。しかも何か聞かれたとき『こんな簡単な答えを求められてるわけじゃないだろ？』と難しく考えたりして、さらに何も答えられなくなっていった。実は小学校に入るとき、先生から特殊学級に入るように言われたほどでしたよ。

今でも覚えているのは、何年生だったかな？　図画工作の時間のことです。風景画を書くはずが、木を一本だけ、しかも一部分だけドアップで描いてしまった。父兄参観のあと、母親に『どこのバカが書いた絵かと思ったら、アンタのだった』とガックリされてしまって。しかしこれ、自分なりのプライドだったんです。人と同じことはしたくない。おかしいのは自分じゃなく、みんなかもしれないじゃないか……」

そんな性格が、年を経て意外な場所で花開いた。線の細さを心配した母親が、中島を硬派、バンカラの校風を誇る拓殖高校・大学へ進学させたのだ。彼はここで応援団に入り、最終的に、400人近くの荒くれを仕切る拓殖大学応援団長へとのし上がったのだ。

「先輩と酒を飲むでしょ？　後輩たちは、先輩がいつタバコをくわえるか常に顔色を伺って、マッチを片手に構えて待ってるんですよ。ボクはすぐ〝こんな恥ずかしいことはできない！〟と決意しました。初めのうちはイヤイヤやってたけど、そのうち同期を前に『オレはオマエらと違うよ』と宣言したんです」

そんなワガママが通用するのか？　このとき、中島は周囲の声を実力で封じた。時代は学生紛争の真っ只中。全共闘、中核などが左翼的な闘争を激しく繰り広げていた頃だ。と同時に応援団、体育会の学生は、左翼運動を弾圧する役割を求められていた。ときには死者すらも出る暴力沙汰さなか、中島は――

「竹槍持ってる左翼が何百人もいるところに、木刀持って突っ込んで行った。正直、足が震えたよ。竹槍って、刺さると意外なほどスパッと切れるんですよ……。ただ、自分に何か言う先輩は誰もいなくなりましたね」

自閉症の少年が密かに感じていた恥らいが、周囲への怒りや疑問に変わったとき、彼は〝ツッパリのなかのツッパリ〟と呼ばれる存在になっていた。3年生に進級し応援団長になった中島は、馬鹿馬鹿しい礼儀作法や形式的な習慣を次々と廃止していく。そして彼は「このとき、骨身に沁《し》みてわかったことがある」と話を継ぐ。

「自分の考えとか感覚って世界で一番頼りないんですよ。それでもなお自分を信じて、強いジャッジを下した者だけが世の中を変えることができる。女性に惚れるのと同じです。それが正しいとか、正しくないとかの問題じゃない。何があっても横を向かない、それだけです」

そして彼は当時を振り返り「今だから言える」と苦笑しながら奇妙なエピソードを披露する。

「上下関係をなくす方向で応援団を変えたわけじゃないですか。ある意味、非常に左翼的な考え方なわけです。実はボク、左翼のヤツラと殴り合いながら『コイツらの主張は一理ある』とか思ってたんですよね（笑）」

ツッパリの魂のまま社会を渡り、30代にして会社役員、年収数千万円にまでのし上がる

こういった人物が世に出るとどうなるか。大学卒業後、東急グループの総帥、五島昇に招かれエリート社員として就職するが、『和気あいあいとした雰囲気に鳥肌が立った』とほんの数か月で後先を考えず退職。その後、不動産屋などを転々とし、流れ着いた企業で突如トップに躍り出た。

「中小企業に資金を貸す会社でした。簡単に言えば、100万円売り上げがあったけど入金されるのは再来月、なんて企業に、その100万円を融資するんです。ボクが就職したときは数十人規模の会社でしたが、これを10年余りで社員が1000人を超えるまでに成長させました。

今でも覚えてるのは、当時の常務に成績を嫉《ねた》まれ、関連企業が持ってた川崎の営業所に出向させられたときのことです。ここがダメな所でね、誰が管理に行ってもソンばかり出して、結局辞める羽目になるヒドイところだった」

自分の考えや感覚というものは、世界で一番頼りない。

それでもなお自分を信じて、強いジャッジを下した者だけが、世の中を変えることができる。いわば女性に惚れるのと同じです。

になって!!

こと
きゃ意味がない!

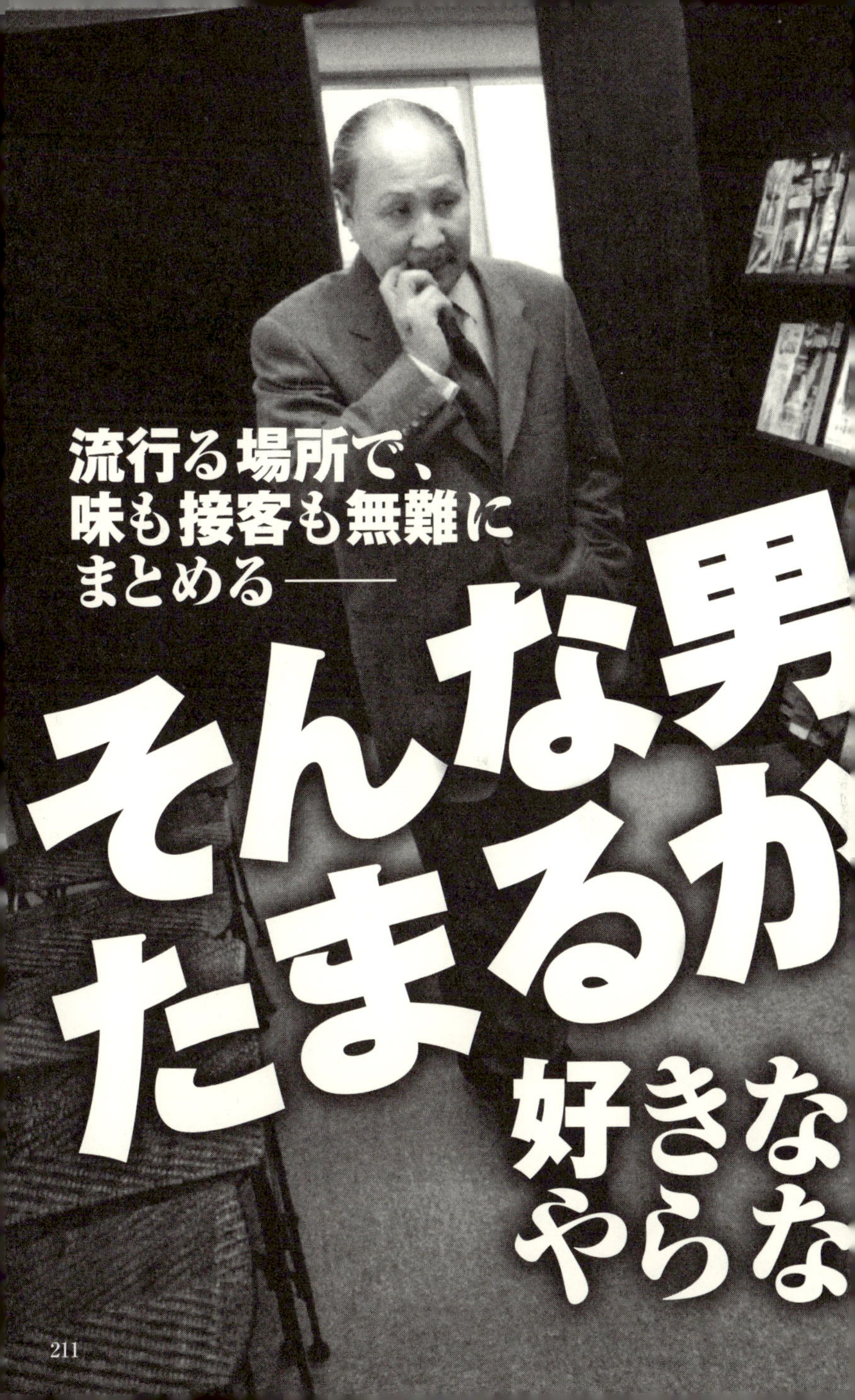

流行る場所で、
味も接客も無難に
まとめる――

そんな男
たまるか
好きな
やらな

出向の手続きが終わった頃ようやく社長の知るところとなり、中島は『結果が出なくても、必ず帰って来てほしい』と引き留められた。そのとき、彼は何と言ったか？

「『心配しないで下さい。ダメだったら絶対帰ってきません』と笑ってやりました。ボクはね〝何が起きても自分の責任〟と信じてるんですよ。バカな常務に目を付けられたのも自分の責任。川崎で結果を出せなければ、結局、自分が無能だったということです。

ただし、何が起きても自分の責任であれば、何でも自由にできる。好きなだけやってダメだったら、笑って諦めればいいいじゃないですか！」

周囲との相対的な問題は一切判断に入れず、何もかもを自分の責任に帰したとき、そこに絶対的な人生観が立ち現れた、ということなのだろう。そして中島は川崎の営業所で気が狂ったかのように仕事を続け、同時に周囲には一切遠慮せず、粛正に近い荒療治を施す。1年後、川崎の営業所は赤字どころか2億円近い利益を出し、その結果……

「政治に奔走しすぎた常務の方が、社長に切られる羽目になりました。痛快だったか？　いえ、自分は自分、それだけですよ」

身分も収入も捨て
敢えて徒手空拳となり世の中へ挑む

中島はこれらの活躍により、30代にして役員にまでのし上がる。今や年収は数千万円超、以前から好きだった海外への長旅にも自由に行ける身となった。ところが、彼はこの立場を惜しげもなく捨ててしまう。

「簡単に言えば、もう満足感を覚えなくなったんです。会社が大きくなるに従って、やるべきことはやったな、という感じが出てきて、次第に面白くなくなってきた」

会社での立場や年収は、あくまで相対的なものだ。一方、仕事の面白さは自らが決める絶対的なもの。そして彼は当然のごとく、人にうらやましがられる生き方より、自らが楽しめる生き方を選んだ。ある日、社長にあっけなく告げた。『思い立ちました。そろそろソバ屋でもやってみたい』。『オマエ正気か？』と驚かれた。

「ソバ屋はあくまで例えで、ボクは自分が感じたことだけを大切に、小さな店から始めたいと思ったわけです。社長の言うとおり、正気じゃなかったのかもしれない（笑）。でも、ボクは攻撃に出たかったんですよ」

〝攻撃〟とは何か？　会社を出て自分だけの感性だけで勝負したい、という部分はよくわかる。しかし自分が感じたままにやることが、なぜ〝攻撃〟なのか？

「たとえば飲食店を経営するとしますよね。既に大きくなった企業が地代や人通りを綿密に計算して、駅前にドーンと店を出したりするじゃないですか。あれは〝守り〟なんですよ。味付けも、より多くの人に好まれるところに落ち着かせ、人員もマニュアルを作って管理してね……。多分、書類を見ればいろんな人間が押したハンコがグダグダ並んでますよ。もちろん、資金力があれば、この方法でいい。誰かの才能とか、こだわりとか、そんな不確定要素は一切排

何が起きても、自分の責任。

ただし、何が起きても自分の責任と腹をくくるから、何でも自由にできるんだ。

除してしまえばいい」

彼は大きく手を広げ〝しかし〟と話を継ぐ。

「一人の人間が徒手空拳から挑む場合は、敢えて感受性や夢といったものから始めなきゃどうしようもない。この精神が〝攻撃〟なんですよ。そしてボクは、この攻撃にこそ、自分の生き甲斐を感じていた」

1軒の赤字店から始め、今や年商約200億円！ それでも守り続ける信念とは？

こうして中島は単身、会社を飛び出し、生まれ育った東京・福生にアンティークショップ、古着屋、雑貨屋などを開いた。どの店も売り手の感受性が問われるものを扱う、という共通点が見える。だが、敢えて複数の店を出したあたりに、彼がよくいるワンマン経営者でなく、絶妙なバランス感覚を持っていたことも読み取れる。

「どの店も、立地は悪い、ニーズもない、それどころか売れる根拠も〝自分の感性〟だけ。ハッキリ言って当たる確率は少ないわけです。だからひとつの店に全てを賭けるのは危険だと考えた。この段階では、とにかく当たるまでいろいろやってみることが重要なんです。どんな商売も、当たってしまえばそれを元手に2店目、3店目を増やすのは簡単ですからね」

中島の戦略に狂いはなかった。ニーズを無視した韮菜万頭の店が生き延びたのは、こうした分散投資の結果でもあったのだ。同時に1店目が当たると、2店目、3店目は出したその日から客が集まる人気店になり会社の経営を潤した点も予想通りだった。そして中島は、青春時代

の生き様のまま〝世界で一番頼りない、自分の感性〟を次々と実現していく。それはメニューや経営の問題だけではなかった。

「ボクが中国へ旅に出るでしょ？　すると、ガイドブックに載ってる高級店じゃなく——それこそ古い扇風機がブンブン回ってて、内装もコンクリートやタイルが剥き出しで、でも現地の家族や仕事仲間が盛り上がっている、そんな店の方が心に残るんです。ところが日本に戻って似た店へ行くと、味は再現できているが、現地の〝勢い〟みたいなものはすべてスポイルされている。そこでボクは、この雰囲気を日本に持って来られないかと考えた」

こうして生まれたのが『紅虎餃子房』だ。中華包丁や中華鍋が並ぶ厨房は敢えて客席に見えるように配置され、メニューも墨字の手書きにするなど、中国の路地裏の店そのままを日本に持ち込んだ。料理も山椒を効かせた〝黒ごま担々麺〟など、当時日本になかった味を打ち出すなど、現地の雰囲気にこだわった。

そして異彩を放った店舗は、次第に〝飲食業界の新たな潮流〟と評価されるようになり、ここから際コーポレーションは一気に快進撃を始める。

「フードビジネスが面白いのは、相手が巨大な企業でも、ウチのような小さな企業でも、個人経営の老舗でも、お皿の上に盛れる原価自体はほぼ同じ、という点です。そして、ほぼ同じ原価にどんな付加価値を付けていくかは、個人のアイデアや感性にかかっている。そこでボクは、料理だけでなく、現地の〝空気感〟に付加価値を見いだしたというわけです。もちろん、常識はずれな戦略だったかもしれないけど、ボクはやはり——人と同じことはしたくなかった」

紅虎餃子房のあとも、彼は彼だけの感性で新たな店を創造していく。

〝次の業態を〟と考えたとき、チェーン店でなく老舗の研究をした。たとえば地元で愛されている一杯飲み屋、サラリーマンが集まるおでん屋といった場所で、店のおばさんの優しさなど、そこにしかない付加価値を見いだしていったのだ。

そして彼は、日本の食文化に深く食い込む〝葱《ねぎ》〟に着目した「葱や平吉」から、仲居の優しさと古都の優雅さが存分に味わえる旅館「柚子屋旅館」まで、1店〜数店しかない業態を数多く展開する独自のスタイルで会社を拡大していく。

「もちろん、京都の旅館のように立ち居振る舞いで優しさを伝えられる人間を育てるのは非常に大変なことです。働く人間が夢を持てるだけの待遇が必要だし、時間もかかります。しかし世の中に、お金だけじゃなく時間をかけて作っていく店があってもいいじゃないですか」

それはある意味、誰かがマーケティングで分析し、店員の動きもマニュアル化し〝仕事〟として出した店と、雰囲気に惚れた人間がその勢いで出した店の違いかもしれない。

こうして彼が〝頼りない自分だけの感性〟を糧に個人の資金で始めたチェーンは、今や年商約200億円。それは〝管理〟〝資金〟〝前例〟といったものしか見ない経営への強烈なアンチテーゼでもあるはずだ。

最後に中島へ、人気店を作ってもあまりチェーン展開しない理由を聞いた。それが人間を育てる時間を必要とするものであっても、同じ手法で多店舗展開した方が効率はよくないか？そして今の彼には、それができるだけの資金力もあるはずではないか？

だが、中島は落ち着いた口調で、至極単純に否定する。

「幼稚なこだわりなのはわかってるんですが、ボクは他人とは違う絵を描き続けていたいんですよ。もちろん経営者としては、儲かることをやるのがまっとうですが、単なる金儲けだったら誰にでもできるじゃないですか。

あとこれは〝もっと資金があれば〟とか〝もっと場所が良ければ〟といった思考への反逆でもあるんですよ。だって、豊富な資金を元手にして、駅前に放っておいても流行る店を作るんだったら誰にでもできるでしょ？

ボクは結局、子供の頃に描いたのと同じようにオリジナルの絵を描き続けていたいんです」

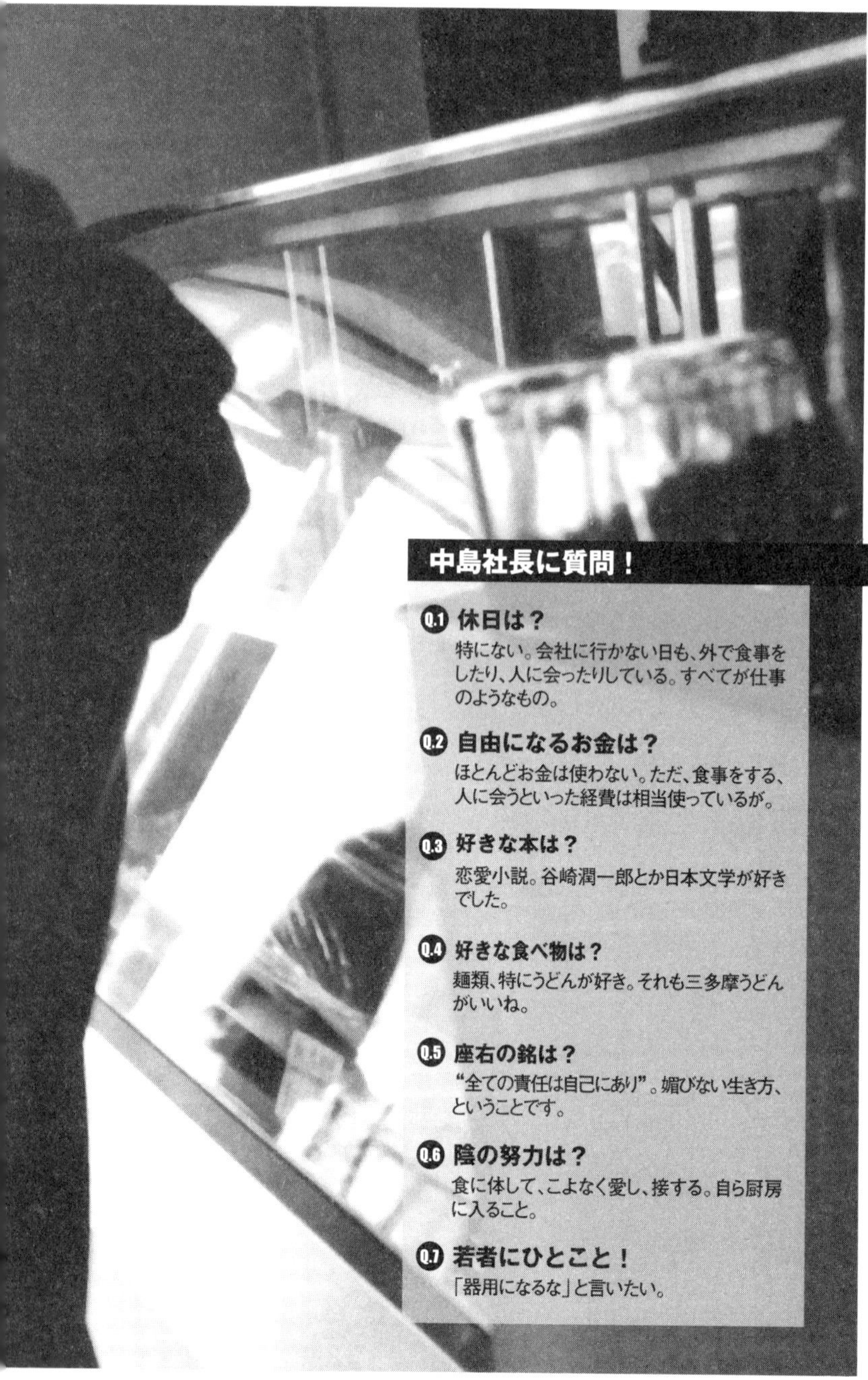

中島社長に質問！

Q.1 休日は？

特にない。会社に行かない日も、外で食事をしたり、人に会ったりしている。すべてが仕事のようなもの。

Q.2 自由になるお金は？

ほとんどお金は使わない。ただ、食事をする、人に会うといった経費は相当使っているが。

Q.3 好きな本は？

恋愛小説。谷崎潤一郎とか日本文学が好きでした。

Q.4 好きな食べ物は？

麺類、特にうどんが好き。それも三多摩うどんがいいね。

Q.5 座右の銘は？

“全ての責任は自己にあり”。媚びない生き方、ということです。

Q.6 陰の努力は？

食に体して、こよなく愛し、接する。自ら厨房に入ること。

Q.7 若者にひとこと！

「器用になるな」と言いたい。

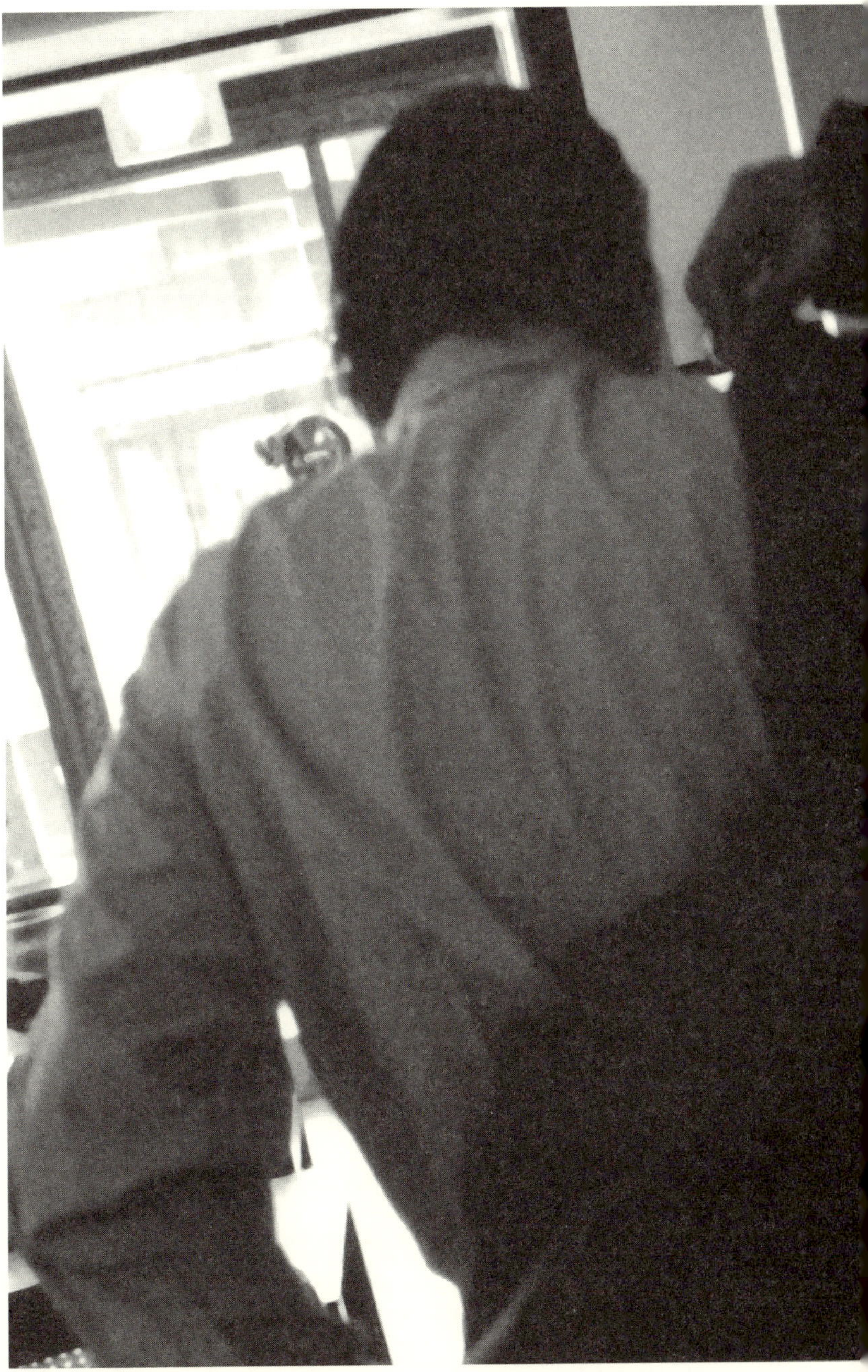

路地裏の旅人

中島氏に趣味を聞くと、興味深い言葉が返ってきた。「旅。〝旅行〟ではなく〝旅〟」というのだ。微妙なニュアンスの違いだが、そこに彼の人生観が滲み出ているように思えた。

反逆者が往く道が〝旅〟。楽しみを与えられるのでなく求めるのが〝旅〟。行く先が決まっていないのが〝旅〟。

人生を〝旅行〟で済ませるか、〝旅〟にするか。自分の絵を描くのは、その先だ。

中島 武と／際コーポレーション株式会社の歩み

1990年　際コーポレーション株式会社設立。輸入家具・雑貨の『DEMODE』等をオープン。ちなみに同店舗は今でも高い人気を得ている。その後『韮菜万頭』を出店。会社を傾かせかねない状況から一躍、人気店に。

2002年　中華料理『紅虎餃子房』出店。タレント、ファッションリーダー等の注目を集め、口コミで人気店に。その後、フランチャイズシステムを開始するなどして、2000年までに総店舗数100店を達成。

2002年　洋食分野に挑戦。その後、お箸で食べるイタリアン『SCORPIONE』など繁盛店を出す。同年、総店舗数200店を達成。

その後、際コーポレーションは大型テナントからの要請を受け出店するなど大資本とも対等な関係を築き上げる一方、旅館業にも進出するなど常に新しい挑戦を続けている。
店舗の情報は際コーポレーションのホームページ　http://www.kiwa-group.co.jp/　まで。
中島武氏のブログは　http://www.restaurants-news.com/nakajima/

あとがき

実は自分、単に〝説教〟されるのが好きなんです。

たとえば子供の頃、成績が上がったと喜ぶボクに、今は亡き叔父が〝数字ってのは所詮、嘘だから〟と言いました。なぜそんなことを言われるのか、当時のボクにはまったくわかりませんでしたが、今は何となく想像がつきます。数字というのは、大事なことをすべて切り捨てた基準にすぎない。結局はオマエが学校で何を学んだかが大事なんじゃないのか？――ほかにも、数字というのは人と比較するためにあるものだから信用するな、ということにも思えます。

そして、何年かたったあと行なわれることになった彼のお葬式に、元・総務省のお偉いさんという友人が来ました。このエピソードを話すと「確かに彼の死だって、統計で言えば人口が一人減っただけ。そこには残された者の悲しみや、彼の生きた物語といった大切なことは何もない」と仰いました。きっと彼らは若い頃、酒の場か何かで、こんなことを語り合ったのではないか……そう考えると、不意に涙が出ました。

そんなわけで、自分はこんな、何らかの気づきをもたらしてくれる〝説教〟じみた話が、心から好きなんです。だから、ページの端の〝説教〟も、自分に何らかの気づきをもたらしてくれた言葉を選びました。すぐ役立つものばかりではないかな、とも思います。しかし心の底に留めておけば、きっと、いつか何を知る、そんな深い言葉ばかりと確信を持っています。

最後に、読者の皆様にこの本の成り立ちをご説明しつつ、関係各位にお礼を申し上げたく思います。実はこの企画、元々は『ザ・ベストマガジン』というグラビア誌に連載されていたものが好評だったため、連載時の原稿に加え新たに追加取材し、作り上げたものなんですね。なぜグラビア誌にこんな記事が？　とお思いになるかも知れませんし、ボクもそう思います(笑)。しかしこれ、現・晋遊舎の岡元仁さん、現・主婦と生活社の栃丸秀俊さんが「グラビア誌を見る若い読者にこそ、ビジネス界の成功者の肉声を伝えたい」と高い志で続けてくれたものだったりするんです。実力も不明だった当時の自分にこのような機会を持たせてくれましたこと、心から感謝します。さらには、クールな表情で熱い写真を撮影してくださいました富本真之さん。あなたの写真には、言葉を超えた説得力があります。今後とも、よろしくお願いします。

そして本にする際には、日本文芸社の若手・松下憲一さんにお世話になりました。励みになる応援、そして絶妙なタイミングで入る〝急《せ》かし〟。末恐ろしい編集サンと思いましたよ(笑)。と、そんなわけで必ず数日遅れでやってくる原稿・写真のレイアウトをまとめていただいた蛭間デザイン事務所の蛭間勇介さん。時間がないにもかかわらず、文章をしっかりお読みになっていただいた上でレイアウトしていただいていること、ボクは知ってますよ。加えて、装丁の林佳恵さん、こちらもギリギリの日程のなかで、本棚に置いておきたくなる表紙にしていただいたこと嬉しく思います。いつか、お互いの猫好きを活かした本が作れたらいいですね！　さらには追加取材の撮影をしてくれた、日本文芸社カメラマンの平塚修二さん、木村純さん。画像データが入ったCDを見て驚きましたよ。おひとりあたり1000枚を超えてるじゃないですか。丹念に撮っていただいたことどうしても書いておきたく、ここに追記した次第です。

と同時に何より、快く取材をお受けいただきました〝社長〟〝会長〟〝キャプテン〟〝代表社員〟の皆様に、心からお礼を申し上げたいと思います。皆様の思いは、十全に読者へ伝わっていますでしょうか？　何か価値があるものができたなら、これに勝る幸いはありません。

そして最後の最後に、読者の方々にお礼を言いたく思います。あとがきにまでお付き合いいただいているということは、きっと何らかの刺激を得ていただいたのではないか、とも思いますが、いかがでしたでしょうか？

そして、私の前作もお読みになっていただいた読者の皆様——

実を言うと、ノートパソコン、買い換えました。

しかし相変わらず、夜中、近所のジョナサンで、取材したままの感激をキーボードに叩きつけた……そんな原稿であることに変わりはありません。

夏目幸明

※著者のブログ『ナチュラルボーンライター』はhttp://blog.goo.ne.jp/yukiakinatsume/

●著者略歴

夏目幸明（なつめ・ゆきあき）

編集プロダクション『解放区』主宰。

1972年、愛知県生まれ。豊橋工業高校から早稲田大学に進学、広告代理店、第一企画（現・アサツーディ・ケイ）に入社。その後、出版業界に入り、何を書いても『熱い記事』になるライターとして、インタビュー記事を中心に執筆。『ＤＩＭＥ』（小学館）でヒット商品開発秘話を扱う『UN・DON・COM』を連載しているほか、『週刊現代』（講談社）などにも寄稿。

著書に『掟破りの成功法則』（PHP研究所）など。

社長の説教!!

平成18年６月25日 第１刷発行

著者
夏目幸明

発行者
西沢宗治

印刷所
光成社印刷株式会社

製本所
有限会社松本紙工

発行所
株式会社日本文芸社
〒101-8407 東京都千代田区神田神保町１－７
TEL.03-3294-8931［営業］、03-3294-8920［編集］
振替口座 00180-１-73081

＊

Printed in Japan ISBN 4-537-25393-2
112060620-112060620Ⓝ01
DTP 株式会社キャップス
URL http://www.nihonbungeisha.co.jp
編集担当・松下